MARIO EDUARDO COSTA PEREIRA

A
erótica
do
sono

Ensaios psicanalíticos sobre
a insônia e o gozo de dormir

©2021 Aller Editora
A erótica do sono: ensaios psicanalíticos sobre a insônia e o gozo de dormir

Publicado com a devida autorização e com todos os direitos,
para a publicação em português, reservados à Aller Editora.

É expressamente proibida qualquer utilização ou reprodução do conteúdo desta obra, total ou parcial, seja por meios impressos, eletrônicos ou audiovisuais, sem o consentimento expresso e documentado da Aller Editora.

Editora	Fernanda Zacharewicz
Conselho editorial	Andréa Brunetto • *Escola de Psicanálise dos Fóruns do Campo Lacaniano* Beatriz Santos • *Université Paris Diderot — Paris 7* Jean-Michel Vives • *Université Côte d'Azur* Lia Carneiro Silveira • *Escola de Psicanálise dos Fóruns do Campo Lacaniano* Luis Izcovich • *Escola de Psicanálise dos Fóruns do Campo Lacaniano*
Revisão	Fernanda Zacharewicz André Luiz Rodrigues
Projeto gráfico	Wellinton Lenzi
Capa	Recorte do quadro "Flaming June", de Sir Frederic Leighton, 1895
Diagramação	Sonia Peticov

1ª edição: julho de 2021
2ª impressão: agosto de 2021
3ª impressão: setembro de 2021
4ª impressão: outubro de 2022
5ª impressão: agosto de 2023
6ª impressão: novembro de 2023
7ª impressão: novembro de 2024
8ª impressão: março de 2025
9ª impressão: setembro de 2025

Dados Internacionais de Catalogação na Publicação (CIP)
Ficha catalográfica elaborada por Angélica Ilacqua CRB-8/7057

P493e   Pereira, Mario Eduardo Costa

A erótica do sono: ensaios psicanalíticos sobre insônia e o gozo de dormir / Mario Eduardo Costa Pereira. — São Paulo: Aller, 2021.
208 p.

ISBN 978-65-87399-18-8
ISBN 978-65-87399-16-4 (livro digital)

1. Psicanálise 2. Sono 3. Erotismo — Aspectos psicológicos I. Título

21-2611   CDD: 154.6
                                        CDU 159.964

Índice para catálogo sistemático
1. Psicanálise

Publicado com a devida autorização e
com todos os direitos reservados por

ALLER EDITORA
Rua Havaí, 499
CEP 01259-000 • São Paulo — SP
Tel: (11) 93015-0106
contato@allereditora.com.br

 Aller Editora • allereditora

"Utnapishtim disse: 'Quanto a ti, Gilgámesh, quem irá reunir os deuses por tua causa, de maneira a poderes encontrar a vida que estás buscando? Mas, se quiseres, vem e põe-te à prova: terás apenas que lutar contra o sono por seis dias e sete noites'."

ANÔNIMO, *Epopeia de Gilgámesh*, séc. VII a.C

Para minha avó Regina

Agradecimento

Agradeço a Fernanda Zacharewicz, que, além de uma editora dedicada, foi também uma preciosa e sensível interlocutora no período de elaboração deste livro.

Sumário

Prólogo
Sobre o gozar do sono e do repouso   11

A INSÔNIA, O SONO RUIM E O DORMIR EM PAZ
    A erótica do sono em tempos de Lexotan   19

"BOA NOITE, AMADO PRÍNCIPE"
    Notas psicanalíticas sobre a insônia, o repouso
    e a morte na tragédia de Hamlet   55

MACBETH E O ASSASSINATO DO SONO
    Um ensaio psicanalítico sobre a insônia   81

SIM OU NÃO
    A angústia e a voz do Outro   129

O QUE RESTOU DE NOSSOS PRIMEIROS
AMORES NEGROS?
    A ama de leite, o cafuné e outras marcas da
    Mãe Preta no sono à brasileira   147

O ACALANTO
    Entre o desamparo e o erotismo   171

Epílogo
Depois do amor, ou — Com quem você dorme?   193

Prólogo

Sobre o *gozar* do *sono* e do *repouso*

"Eu quero uma licença de dormir,
perdão pra descansar horas a fio,
sem ao menos sonhar
a leve palha de um pequeno sonho.
Quero o que antes da vida
foi o sono profundo das espécies,
a graça de um estado.
Semente.
Muito mais que raízes."

Adélia Prado, poema "Exausto"

Tsss, tsss, tsss, tsss
Tsss, tsss, tsss, tsss, tsss
Tsss, tsss, tsss, tsss, tsss
Tsss, tsss, tsss, tsss, tsss, tsss

Esse foi o acalanto que marcou minha infância. Com a língua entre os dentes e um siflar doce, lento, suave, minha avó entoava languidamente — sem dizer palavra — "Nana neném" até que eu embarcasse no sono com tranquilidade.

> Nana neném
> Que a Cuca vem pegar
> Papai foi na roça
> Mamãe foi trabalhar.

Não me lembro de alguma vez em que ela tenha cantado explicitamente a letra dessa cantiga de todos conhecida. Mas guardo — completa — a memória tátil da ponta de seus dedos, de suas unhas, deslizando entre meus cabelos... O toque era firme. Ela estava lá! Seu cafuné era doce: seu amor estava lá! O adormecer chegava, assim, naturalmente, sem nem mesmo se fazer notar. Toda a atmosfera ao redor parecia querer dizer: "Está tudo bem".

Essa cena de adormecimento poderia ocorrer tanto na sesta da tarde quanto na hora noturna de ir deitar-se. Dormir tinha hora! Era ritualizado, era importante, era respeitado. Dormir era bom.

Não me recordo de ter sido embalado nos braços de minha avó. Essa cena me remete mais à minha mãe, jovem e feliz por minha chegada de primeiro filho. Mas ficou registrada em mim a imagem de vó Regina me adormecendo com seu acalanto sem palavras enquanto me fazia cafuné, minha cabeça deitada em seus joelhos, ela sentada em minha cama, ou na poltrona, atrás da cabeceira.

Essa cena de adormecimento era prazerosa, tranquila e amorosa. Mais tarde, meus dois irmãos mais moços e eu aguardávamos, como uma espécie de ordem natural das coisas, tal momento pleno de sentido, que encerrava o dia e entrava serenamente na noite e no sono. Isso, é claro, antes de ficarmos maiores e passarmos a fazer "arte", os três em nosso quarto acordados até tarde, o que terminou se tornando, obviamente, uma das transgressões mais saborosas da infância.

Ainda uma palavra sobre a *siesta* da tarde: é vívido o grande prazer que eu tinha com aquele curto momento de repouso vespertino. Gostava de me desprender completamente do mundo para me render sem reservas àquela deliciosa pausa de depois do almoço. Fechava os olhos e tentava ativamente esquecer tudo o que estivesse ligado à vida concreta e aos problemas do dia. No escuro do quarto, desfrutava das imagens que — informes, difusas, flutuando em movimentos suaves — espontaneamente iam, aos poucos, se formando em minhas pálpebras cerradas. Devagar, elas tomavam uma conformação mais definida e um enredo simples era elaborado. Sentia controlar um pouco do que iria sonhar a seguir, em uma espécie de "sonho dirigido" *avant la lettre*. E era o que ocorria. Deixava-me, assim, ser conduzido pelo processo que eu mesmo iniciara, até dormir, sonhar e acordar novamente, recordando ou não dos sonhos que ocorriam naquele curto repouso. Sempre despertava com uma sensação de vigor e de vitalidade renovados que me fazia sair logo em seguida, rápido, da cama e do quarto escuro. Havia uma tarde inteira pela frente para brincar!

Sim, dormir era gostoso!

Durma-se com um barulho desses!

No que tange ao sono, o mundo contemporâneo parece se situar em uma posição diametralmente oposta às minhas lembranças infantis, tão bem temperadas e arredondadas pelas saudades e pela idealização dos tempos que se foram.

Um terço das pessoas, mostram os estudos populacionais, sofre de insônia ao longo de um ano. Muitas apresentam cronicamente dificuldades para adormecer, para se manter dormindo ao longo da noite e/ou para obter um sono reparador. Correlativamente, assistimos a uma explosão do consumo de medicamentos indutores do sono e de álcool, usados com o intuito de se conseguir dormir.

De forma paradoxal, mas no final das contas compreensível, assistimos também ao crescimento, por parte de sonolentos que convivem com noites maldormidas, do consumo imoderado de medicamentos e de substâncias lícitas ou ilícitas para se evitar o sono e melhorar a performance no trabalho.

O homem atual parece não conseguir mais se "desligar", se "desconectar" dos apelos incessantes do mundo: as mídias eletrônicas, as redes sociais, as notícias 24/24, a necessidade de se estar "ligado" e "vigilante" o tempo todo, apelos para que se mantenha as luzes acesas, a conexão nas redes, o ego funcionando como senhor racional e incansável da vida mundana — a única que realmente faz sentido ser vivida, segundo a ideologia dominante.

Some-se a isso as exigências intermináveis de competência, de alto desempenho e de dedicação, a competição voraz do mercado e a busca incessante por reconhecimento e será possível entrever a importância do laço social e de suas vicissitudes na produção do mal-estar próprio a um certo período histórico e político. A insônia, sob essa ótica, deve ser interpretada como um possível sintoma do capitalismo globalizado sem limites, que organiza as relações sociais contemporâneas.

Nos dias que são os nossos, uma imensa legião de zumbis sonolentos parece se deslocar, sem repouso, através de toda a malha do laço social. A insônia interpela, assim, radicalmente a verdade, tanto a do sujeito singular quanto a da própria sociedade: "O que, de fato, perturba sua paz e lhe impede de repousar?", parece perguntar.

O sono bom e o gozo de ser: contribuições psicanalíticas às questões do dormir e da insônia

Freud ligava a capacidade de dormir justamente àquilo que talvez seja a necessidade mais incompreensível e distante do homem contemporâneo: dispor-se a colocar em suspensão, durante algum tempo, aquilo que o mundo atual considera como o valor mais supremo: o Eu.

Conseguir dormir pressupõe, aos olhos de Freud, aceitar se desconectar temporariamente da razão, da consciência, da vigilância antecipatória dos possíveis perigos do mundo, da aparente transparência da mente consciente de si mesma. Dormir implica um ato de confiança, de entrega e de amor: trata-se de consentir existir de forma relativamente indefesa, segundo uma outra modalidade de existência (em *Hamlet* e em *Macbeth*, por exemplo, os reis legítimos foram assassinados de forma covarde justamente quando se entregavam, confiantes e indefesos, ao sono) — um mergulho narcisista em um funcionamento mental desconectado da consciência, aberto ao contato com as marcas mais determinantes e significativas da memória, do desejo, das angústias e dos traumas do ser. E com elas, ou a partir delas, sonhar talvez.

O sono comporta uma erótica própria, uma economia libidinal não mais mediada pelo ego, que apenas se permite, durante algum tempo, gozar de ser. Sem o risco de agir concretamente.

Em "A terceira", conferência que, já nos anos derradeiros de sua vida, Lacan pronunciou em Roma, ele descreveu nos seguintes termos o gozo e a satisfação de se deixar ser, gozar de sua existência corporal concreta:

> [...] o ronron é, sem dúvida, o gozo do gato. Se isso passa por sua laringe ou por outro lugar, eu não sei. Quando eu os acaricio, parece que está por todo o corpo.[1]

---

[1] "le ronron, c'est sans aucun doute la jouissance du chat. Que ça passe par son larynx ou ailleurs, moi j'en sais rien, quand je les caresse ça a l'air d'être de tout le corps." LACAN, J. (1974) La troisième. In: *Autres écrits*. Paris: Seuil, 2001, tradução nossa.

Estranha proposição, pois ela aparece sob a pluma daquele autor da psicanálise que mais insistiu sobre as relações entre inconsciente e linguagem e sobre o papel decisivo do Simbólico na constituição do sujeito como um *falasser* — um ser de fala. Aqui, Lacan se serve de um animal, o gato, para exemplificar, por seu "ronron", o gozo e a satisfação de se desfrutar do próprio corpo. Algo de similar acontece no sono: autorizamo-nos a, sem a mediação do ego, meramente ser, a existir e a gozar de apenas Ser, segundo modalidades corporais e mentais não mediadas pela razão e pela vontade consciente. O sono permite, dessa forma, uma satisfação narcisista inusitada aos olhos do ego: Ser sem o Eu; ser dormindo, repousando, desfrutando do sono e de suas propriedades restauradoras e regeneradoras. "O amor é um seixo rindo ao sol", como diria o célebre alexandrino, em passagem muito trabalhada por Lacan[2].

Sobre a proposta deste livro

O presente volume apresenta, segundo diferentes perspectivas, a proposta de abordar psicanaliticamente o sono a partir das modalidades eróticas que lhe são próprias: o narcisismo primário e suas formas de satisfação, em continuidade com a teorização de Freud.

Ainda de acordo com as hipóteses freudianas, o narcisismo aqui implicado não significa um Eu solipsista, fechado em si mesmo, dotado de uma fronteira claramente demarcada entre o mundo interno e o mundo externo. Ao contrário, trata-se de conceber o mais íntimo de si como decorrente dos investimentos libidinais e simbólicos provindos do campo do Outro. Assim como a língua materna, talvez o sistema simbólico mais íntimo de cada um, o

---

[2]LACAN, J. (1957) A instância da letra no inconsciente ou a razão desde Freud. In: *Escritos*. Tradução de Vera Ribeiro. Rio de Janeiro: Zahar, 1998, p. 512.

narcisismo primário se constitui no sujeito a partir dos investimentos provindos do campo do Outro.

Sob essa ótica, o sono constitui, do ponto de vista erótico, um realinhamento libidinal consigo mesmo através do reencontro das marcas amorosas e pulsionais do Outro depositadas em nós. Ou seja, convocando-nos a Ser/Existir a partir daquilo que do Outro se depositou e se inscreveu como erotização do corpo e da própria linguagem (*lalangue*). Dessa forma, o acalanto, o embalar o neném, os cuidados ditos "maternos", o cafuné e até mesmo as figuras maternas que constituem um dos fundamentos da relação social brasileira com a erótica do sono, como a Mãe Preta e a ama de leite, serão psicanaliticamente tematizados e examinados neste livro.

Analisaremos ainda algumas peças de Shakespeare em que a temática do sono ocupa lugar central: *Hamlet* (o sono em suas relações com o sonho, o desejo e a morte), *Macbeth* (a insônia e a culpa, a questão do "sono dos justos") e *Henrique V* (o sono e a insônia em face do desamparo). Para tratarmos do caráter de radical interpelação subjetiva que o sono potencialmente comporta, vamos nos servir, por sua vez, do conto "Insônia", de Graciliano Ramos.

Todo o livro, portanto, é um esforço para explicitar a dimensão erótica própria ao sono e suas perturbações psicopatológicas, expressando-se estas, sobretudo, sob a forma da insônia. As relações do sono e da insônia com o laço social, com a cultura e com a política permanecem como pano de fundo — por vezes como tema central — de todos os textos. Este é um volume composto por artigos previamente publicados em outros locais, agora revistos, atualizados e ampliados, a fim de expor de forma articulada e pertinente a hipótese que constitui o seu *fil rouge*: desde um ponto de vista psicanalítico, o sono e a insônia constituem fenômenos amorosos e pulsionais e, como tais, apresentam características subjetivas e potencialidades psicopatológicas que lhes são específicas.

Bem-vindes, cares leitores, à Erótica do Sono.

A *insônia*, o sono ruim e o dormir em *paz*

A erótica do sono em tempos de Lexotan[1]

> "O progresso da insônia é notável e anda *pari passu*
> com todas as outras modalidades de progresso."
> PAUL VALÉRY, *Le bilan de l'intelligence*

> "Muitas vezes antes de adormecer —
> nessa pequena luta por não perder a consciência
> e entrar no mundo maior — muitas vezes,
> antes de ter a coragem de ir para a grandeza do sono,
> finjo que alguém está me dando a mão e então vou,
> vou para a enorme ausência de forma que é o sono."
> CLARICE LISPECTOR, *A paixão segundo G. H.*

Introdução

Poucos sintomas interpelam tão radicalmente o sujeito em relação à verdade de suas angústias, desejos, conflitos, paixões e até mesmo

---

[1] Uma primeira versão deste artigo foi publicada na Revista Latino-americana de psicopatologia fundamental. Volume 6 (2), abril-junho de 2003, p. 126-144. O texto aqui apresentado retoma, com extensas modificações, o trabalho original.

sua (in)satisfação com a própria vida quanto a insônia. A dificuldade para adormecer, o despertar sobressaltado no meio da noite ou simplesmente o sono inquieto e não reparador impõem ao insone a interrogação sobre dimensões fundamentais de sua existência até ali... adormecidas.

Por outro lado, se os dramas, amores, temores e traumas subjetivos são intrinsecamente conectados à insônia, também é verdadeiro que as formas de mal-estar próprias a cada momento histórico de uma sociedade participam de maneira direta das perturbações do sono de seus membros. Com taxas de prevalência extremamente elevadas e possivelmente crescentes — atingindo, como veremos, 20, 30, 40% da população geral, segundo diferentes estudos —, os transtornos do sono, e a insônia em especial, funcionam hoje como um verdadeiro "espelho do mundo", interrogantes das contradições da civilização que até agora fomos capazes de construir: que mundo é esse em que as pessoas que nele habitam não conseguem sequer dormir em paz?

Não menos importante, devemos ainda integrar pelo menos uma terceira perspectiva para o entendimento das perturbações do sono: a dimensão biológica do sono. Diferentemente da sexualidade, dormir é uma necessidade vital peremptória, não sendo suscetível de satisfação através de vias sublimatórias. Inegavelmente, o repouso e o adormecer são imperativos biológicos e dependem de condições naturais: em algum momento, o sono termina por se impor ao indivíduo exausto. Basta evocarmos dimensões inextricavelmente associadas ao adormecer — determinados afetos e sentimentos, como o prazer, a angústia, o terror e a confiança; certas cenas infantis típicas, como o embalar uma criança no colo, o acalanto, as histórias para dormir, a figura do anjo da guarda, o cafuné etc.; ou ainda as relações evidentes entre o sono e a satisfação sexual — para constatarmos que a Natureza do sono é moldada no colo do Outro.

Em outros termos, no humano, enquanto ser de linguagem e tendo sua subjetividade constituída pela imersão no universo simbólico socialmente compartilhado, o imperativo biológico de dormir, com seus mecanismos e exigências fisiológicas próprias, encontra-se modulado e, em certa medida, desnaturalizado, em função dessa matriz humana, demasiado humana, na qual se inscreve. Não é exatamente esse mesmo atravessamento pelo simbólico que opera de maneira transformadora em outras áreas tão "naturais" da vida, como a alimentação, a sexualidade e a morte?

A insônia nos obriga, assim, a interrogar, em toda sua complexidade, as condições nas quais sujeitos singulares — herdeiros da constituição biológica própria à espécie, mas até certo ponto moldável pela exposição ao Outro — se tornam, sob circunstâncias históricas e sociais sempre cambiantes, simplesmente incapazes de "desligar", de se permitir repousar e, por extensão, de desfrutar do prazer revigorante do sono. Talvez possamos sintetizar nos seguintes termos o desafio teórico, clínico e político colocado pela insônia: o de se conceber de maneira apropriada a articulação de pelo menos três grandes dimensões heterogêneas implicadas em sua produção — a natureza, a subjetividade singular e a realidade histórico-social.

Tendo essa complexidade como pano de fundo, nossa proposta aqui é bastante específica. Trata-se de abordar uma dimensão fundamental, mas ordinariamente esquecida, do fenômeno da insônia: o fato de que o sono comporta em seu bojo uma consistência propriamente amorosa, *erótica*[2], no sentido mais originário do termo.

---

[2]Como adjetivo, o termo "erótico" remete, em primeiro plano, ao deus Eros. De forma mais estrita, o Dicionário Houaiss indica que, etimologicamente, "erótico" provém do grego *erōtikós*, através do latim *erotĭcus,a,um*, no sentido de "amor, paixão ou desejo intenso". Em "Além do princípio do prazer", Freud propõe que "a libido de

De alguma forma, nossa cultura terminou por esquecer que o sono implica uma dimensão de gozo: desfruta-se do descanso, da restauração e do prazer propiciados pelo dormir — a mente descansa do ego. Freud se refere a essa modalidade amorosa de radical recolhimento dos investimentos libidinais sobre si mesmo como "narcisismo do estado de sono"[3]. A importância da restauração narcísica propiciada pelo estado de adormecimento é tão fundamental que o próprio sonho estaria a serviço de sua preservação: "o sonho é o guardião do sono"[4], como afirma a famosa fórmula freudiana expressa em "A interpretação dos sonhos". Nessa perspectiva, o sono não se reduz a uma função fisiológica de repouso. Trata-se, em especial, de uma satisfação erótica narcisista e restauradora baseada na capacidade de se colocar o Eu temporariamente em suspensão e simplesmente se deixar ser, sem a mediação da consciência própria à vida de vigília e ao ego.

Ao lado dessa fruição passiva do gozo de ser, importantíssimas funções mentais são realizadas ativamente durante o sono: o sonho, com seu trabalho (*Traumarbeit*) de reencontro e de elaboração dos desejos recalcados e dos traumas mais profundamente inscritos na vida subjetiva; a consolidação e reestruturação de memórias; a simulação do futuro provável com base no passado, usada

---

nossas pulsões sexuais (*Sexualtriebe*) coincidiria com o Eros dos poetas e dos filósofos, o qual mantém unidas todas as coisas vivas." (In: *Edição standard brasileira das obras psicológicas completas de Sigmund Freud. Além do princípio de prazer, psicologia de grupo e outros trabalhos [1920-1922]*. Direção de tradução de Jayme Salomão. Rio de Janeiro: Imago, 1996, p. 61). Uma "Erótica", agora como substantivo, designa um conjunto de teorias, concepções, doutrinas e obras da cultura relacionadas à paixão amorosa humana, especialmente quando focamos em seus aspectos físicos e sensuais.

[3]FREUD, S. (1917) Suplemento metapsicológico à teoria dos sonhos. In: *Edição standard brasileira das obras psicológicas completas de Sigmund Freud. A história do movimento psicanalítico, Artigos sobre a metapsicologia e outros trabalhos (1914-1916)*. Direção de tradução de Jayme Salomão. Rio de Janeiro: Imago, 1996, p. 254

[4] FREUD, S. (1900) A interpretação dos sonhos. In: *Edição standard brasileira das obras psicológicas completas de Sigmund Freud. A interpretação dos sonhos (I) e Sobre os sonhos (1900-1901)*. Direção de tradução de Jayme Salomão. Rio de Janeiro: Imago, 1996, p. 693.

como estratégia para se lidar com problemas e conflitos deixados sem solução na vida de vigília — o "oráculo probabilístico" dos sonhos, como propõe Sidarta Ribeiro[5] — etc. O trabalho do sonho se desenrola, portanto, no âmago do gozo de ser próprio ao sono.

Devemos sublinhar desde já que, para Freud, o narcisismo do sono — condição egoísta por excelência — não significa exclusão absoluta da alteridade. Ao contrário, o Outro é, desde o início, sua condição mesma de possibilidade: o narcisismo da criança se desenvolve a partir do dom que lhe fizeram os pais de parte de sua própria libido narcísica[6]. Dormir, do ponto de vista dessa "erótica" freudiana, tem a ver com a possibilidade de se reabastecer nas fontes mesmas da libido narcisista, o que não deixa de ser uma modalidade de reencontro possível com as marcas deixadas pelo Outro originário, para sempre perdido, intimamente excluído do Eu. Seus vestígios concretos de memória (*Erinnerungsspuren*), contudo, permanecem lá, constituindo, nos termos Freud, o "núcleo de nosso ser" (*Kern unseres Wesen*). Em condições favoráveis, trata-se tanto das marcas de encontros efetivos com o Outro — o olhar, a voz, a maternagem, o embalar no colo, o carinho, a ternura, a proteção, o reasseguramento amoroso para o sono — quanto do lugar vazio, em negativo, deixado por sua ausência ("Itabira é apenas uma fotografia na parede. Mas como dói!"[7]).

---

[5]RIBEIRO, S. *O oráculo da noite: a história e a ciência do sonho*. São Paulo: Companhia das Letras, 2019.
[6]"O narcisismo primário que supomos na criança, que contém uma das premissas de nossas teorias sobre a libido, pode ser mais facilmente confirmado por inferência retrospectiva de um outro ponto do que apreendido por observação direta. Quando vemos a atitude terna de muitos pais para com seus filhos, temos de reconhecê-la como revivescências e reprodução do seu próprio narcisismo há muito abandonado." (FREUD, S. [1914] Introdução ao narcisismo. In: *Introdução ao narcisismo, Ensaios de metapsicologia e outros textos [1914-1916]*. Tradução de Paulo César de Souza. São Paulo: Companhia das Letras, 2010, volume 12, p. 25).
[7]ANDRADE, C. D. (1940) Confidência do itabirano. In: *Sentimento do mundo*. São Paulo: Companhia das Letras, 2012.

[...]
Aninha-me em teu colo como outrora
Dize-me bem baixo assim: — Filho, não temas
Dorme em sossego, que tua mãe não dorme.
Dorme. Os que de há muito te esperavam
Cansados já se foram para longe.
Perto de ti está tua mãezinha
Teu irmão, que o estudo adormeceu
Tuas irmãs pisando de levinho
Para não despertar o sono teu.
Dorme, meu filho, dorme no meu peito
Sonha a felicidade. Velo eu.
[...][8]

A insônia como espelho do mundo contemporâneo

A insônia, o sono ruim e o dormir em paz dependem, portanto, diretamente da possibilidade de um sujeito singular encontrar — ou não — em si uma matriz erótica reasseguradora que lhe permita se desligar do mundo, da realidade cotidiana e, sobretudo, do próprio ego (enquanto instância imaginária), de modo a conseguir se entregar ao sono e desfrutar prazerosamente de suas propriedades repousantes e regenerativas.

É assim que, em uma sociedade na qual cerca de um terço das pessoas sofre de alguma forma de insônia, essa condição clínica individual passa a nos interpelar como sintoma social, colocando em questão que tipo de relação amorosa ainda podemos ter com o sono.

---

[8] MORAES, V. (1933) Minha mãe. In: *O caminho para a distância*. São Paulo: Companhia das Letras, 2008.

Falar da insônia como um "sintoma social" talvez seja abusar desses termos, psicanalisando ou mesmo medicalizando em demasia fenômenos próprios à cultura, cujos determinantes vão muito além daqueles que podem ser discriminados no âmbito da observação clínica. Contudo, desde Freud, a psicanálise não pode se contentar com conceber os campos do sujeito singular e dos fenômenos socioculturais como simplesmente independentes e exteriores um ao outro.

Em um texto tão precoce como "Contribuição ao estudo das afasias", de 1891, por exemplo, o pai da psicanálise já sustentava que o aparelho de linguagem (*Sprachenapparat*) de um falante só pode se constituir como tal por sua exposição ao aparelho de linguagem de outros humanos, eles próprios já marcados pelo uso social da linguagem e da fala. Dessa forma, a língua materna e os códigos simbólicos que constituem aquilo que nos é mais "íntimo" e supostamente mais "interior" só se inscrevem a partir do "Outro" e do "exterior": "sujeito" é o substantivo que designa o resultado da operação de assujeitamento do filhote do *H. sapiens* ao universo simbólico da linguagem, matriz do laço social. O Outro e suas marcas constituintes do que somos enquanto seres de fala é o que temos de mais "interno". Tal condição faz com que as relações entre o sujeito e a alteridade não se acomodem na imagem simples e reasseguradora de uma membrana celular separando com clareza "interior" e "exterior", estando aquelas mais bem representadas, como propõe Lacan, pela paradoxal continuidade da única face que compõe uma banda de Moebius.

É assim que a insônia, ao mesmo tempo em que é um fenômeno clínico incidindo sobre sujeitos singulares, constitui, sobretudo pelas impressionantes estatísticas a ela ligadas, também um fenômeno social por excelência, funcionando como inquietante espelho de nosso mundo contemporâneo.

Os impressionantes números da insônia

Os números da insônia[9] são desconcertantes.

Uma ampla e rigorosa metanálise de estudos internacionais[10] mostrou uma prevalência de insônia em 38% da população mundial. O mesmo estudo revelou que queixas comuns ligadas à insônia tiveram as seguintes taxas: dificuldade em adormecer (36%), dificuldade em manter o sono (18%) e despertar muito cedo pela manhã (42%). As taxas de apneia obstrutiva do sono chegaram a 21%. Se levássemos apenas esses dados a suas últimas consequências, chegaríamos a uma conclusão paradoxal: no mundo em que vivemos, do ponto de vista estritamente estatístico-populacional, o normal é que se tenha alguma forma de insônia.

A insônia, a mais frequente das perturbações do sono, é comum em adultos mais velhos, mulheres e pessoas com problemas de saúde mental e médica[11]. De 30% a 40% dos adultos nos Estados Unidos, aproximadamente, relatam sintomas de insônia em algum

---

[9]Do ponto de vista médico, a insônia é um distúrbio do sono no qual as pessoas têm dificuldade para dormir. Elas podem ter dificuldade em adormecer ou permanecer dormindo pelo tempo que desejarem, sendo normalmente seguida por sonolência diurna, baixa energia, irritabilidade e humor deprimido. No DSM-V, ela é classificada no grupo que constitui diagnósticos possíveis da categoria Transtornos do Sono, juntamente com a apneia obstrutiva do sono, o ronco, as síndromes das pernas inquietas, a narcolepsia, o terror noturno e o bruxismo. Em 2014, a terceira edição da Classificação Internacional de Distúrbios do Sono (ICSD-3), o sistema de classificação mais utilizado para distúrbios do sono, revisou como a insônia é definida. Agora, ela subclassifica a insônia como de curto prazo, crônica ou outra, pois tal distinção tem importância clínica e terapêutica.

[10]ZHANG, Y., REN, R., LEI, F. et al. Worldwide and regional prevalence rates of co-occurrence of insomnia and insomnia symptoms with obstructive sleep apnea: a systematic review and meta-analysis. In: *Sleep Medicine Reviews*. 2019 Jun; 45: 1-17. DOI: 10.1016/j.smrv.2019.01.004.

[11]Cf. BUYSSE, D. J., ANGST, J., GAMMA, A., AJDACIC, V., EICH, D., RÖSSLER, W. Prevalence, course, and comorbidity of insomnia and depression in young adults. In: *Sleep*. 2008; 31: 473–80; SCHUTTE-RODIN, S., BROCH, L., BUYSSE, D., DORSEY, C., SATEIA, M. Clinical guideline for the evaluation and management of chronic insomnia in adults. *J Clin Sleep Med*. 2008; 4: 487–504; TAYLOR, D. J., MALLORY, L. J., LICHSTEIN, K. L., DURRENCE, H. H., RIEDEL, B. W., BUSH, A. J. Comorbidity of chronic insomnia with medical problems. *Sleep*. 2007; 30: 213–8.

momento de um ano[12]. A insônia de curto prazo tem uma prevalência estimada de 9,5% naquele país. Cerca de 1 em 5 casos de insônia de curto prazo evolui para insônia crônica, que pode persistir por anos[13]. Em estudos longitudinais, a insônia continuou em 40% a 70% dos pacientes por até 4 anos[14].

O American Insomnia Survey, um célebre estudo sobre o impacto da insônia nos Estados Unidos realizado no biênio 2008-2009[15], investigou as características do sono de 10.000 membros de um plano nacional de saúde. Os resultados mostraram que, naquele período, mais da metade dos adultos estudados teve dificuldade para dormir e 22,1% preencheram os critérios de diagnóstico para insônia do Manual Diagnóstico e Estatístico de Transtornos Mentais (DSM), à época em sua quarta edição.

Além disso, a incidência de insônia parece estar aumentando nos Estados Unidos. Entre 1993 e 2015, seu diagnóstico em consultas ambulatoriais aumentou 11 vezes, passando de 800 mil para 9,4 milhões. Com base nos dados da National Health Interview

---

[12]BLACK, D. W., GRANT, J. E., eds. *DSM-5 Guidebook: the essential companion to the diagnostic and statistical manual of mental disorders, fifth edition*. Washington, DC: American Psychiatric Association Publishing, 2014.
[13]MOLONEY, M. E., CICIURKAITE, G., BROWN, R. The medicalization of sleeplessness: results of U.S. office visit outcomes, 2008-2015. In: *SSM Popul Health*. 2019; 8:100388.
[14]Cf. JI, X., IVERS, H., SAVARD, J., LEBLANC, M., MORIN, C. M. Residual symptoms after natural remission of insomnia: associations with relapse over 4 years. In: *Sleep*. 2019; 42(8). pii: zsz122. doi: 10.1093/sleep/zsz122; MORIN, C. M, BÉLANGER, L., LEBLANC, M. *et al*. The natural history of insomnia: a population-based 3-year longitudinal study. In: *Arch Intern Med*. 2009;169(5):447-453. doi: 10.1001/archinternmed.2008.610.
[15]Cf. ROTH, T., COULOUVRAT, C., HAJAK, G. *et al*. Prevalence and perceived health associated with insomnia based on DSM-IV-TR; International Statistical Classification of Diseases and Related Health Problems, Tenth Revision; and Research Diagnostic Criteria/ International Classification of Sleep Disorders, criteria: results from the America Insomnia Survey. In: Biol Psychiatry. 2011;69(6):592-600. doi: 10.1016/j.biopsych.2010.10.023; WALSH, J. K., COULOUVRAT, C., HAJAK, G. *et al*. Nighttime insomnia symptoms and perceived health in the America Insomnia Survey (AIS). In: Sleep. 2011; 34(8): 997-1011. doi: 10.5665/SLEEP.1150.

Survey, a prevalência de insônia ou de dificuldades genéricas para dormir aumentou de 17,5% (37,5 milhões de adultos) em 2002 para 19,2% (46,2 milhões de adultos) em 2012. Dados da Pesquisa Nacional de Assistência Médica Ambulatorial mostraram que o número de visitas ao consultório por insônia aumentou 13% em 10 anos: de 4,9 milhões de visitas em 1999 para 5,5 milhões de visitas em 2010[16]. Com base em dados do Medicare, a insônia diagnosticada aumentou de 3,9% em 2006 para 6,2% em 2013. Um aumento na insônia também foi observado no Canadá, onde dados coletados com metodologia semelhante mostraram aumento no número de adultos com sintomas de insônia: de 13,4% em 2002 para 23,8% em 2015[17].

No Brasil, a Associação Brasileira do Sono estima que mais de 70 milhões de brasileiros padecem de insônia em um dado momento do ano. Utilizando a polissonografia, o padrão-ouro para avaliação do sono, um estudo realizado em São Paulo[18] teve como objetivo descrever a prevalência objetiva de insônia na coorte Epidemiologic Sleep Study de 1.101 adultos (20–80 anos de idade). A prevalência de insônia objetiva, ou seja, confirmada pelo exame polissonográfico, foi de 32%. A prevalência subjetiva (ou seja, a relatada pelo próprio paciente) de sintomas de insônia foi de 45%, e a prevalência subjetiva de insônia diagnosticada segundo os critérios do DSM-IV foi de 15%.

Além disso, uma pesquisa encomendada pela biofarmacêutica Takeda e realizada em 2020 pelo Instituto Brasileiro de Opinião

---

[16]Cf. DOPHEIDE, J. Insomnia overview: epidemiology, pathophysiology, diagnosis and monitoring, and nonpharmacologic therapy. In: *Am J Manag Care*. 2020; 26: S76-S84.
[17]CHAPUT, J. P., YAU, J., RAO, D. P., MORIN, C. M., Prevalence of insomnia for Canadians aged 6 to 79. *Health Rep*. 2018; 29(12):16-20.
[18]CASTRO, L. S., POYARES, D., LEGER, D., BITTENCOURT, L., TUFIK, S., Objective prevalence of insomnia in the São Paulo, Brazil epidemiologic sleep study. In: *Ann Neurol*, 2013, 74(4): 537–546.

Pública e Estatística[19] mostrou que 34% dos entrevistados responderam que têm insônia. Desse total, apenas 21% tiveram confirmação médica desse diagnóstico. Quanto aos gêneros, 71% das mulheres revelaram que dormem mal, caindo esse percentual para 57% entre os participantes masculinos.

Em março de 2015, a Revista Brasileira de Epidemiologia publicou um artigo que analisa "a ocorrência de distúrbios relacionados ao sono entre adultos de Presidente Prudente, São Paulo, bem como identifica suas associações com variáveis comportamentais, sociodemográficas e de estado nutricional"[20]. Foram observados distúrbios relacionados ao sono em 46,7% da amostra, os quais foram mais frequentes em mulheres, pessoas de menor escolaridade e com sobrepeso e obesidade.

Correlativamente a essas altas e crescentes taxas de insônia observadas no Brasil e em todo o mundo, pode-se constatar o consumo maciço e generalizado de medicações tranquilizantes e hipnóticas, como veremos a seguir.

A epidemia de uso (e abuso) de tranquilizantes

Em nossa sociedade contemporânea, na qual significantes como "ansiedade", "estresse", "burn-out", "angústia" e "pânico" fazem parte da linguagem diária, não se deve estranhar o fato de que a proliferação do uso de hipnóticos e tranquilizantes tenha se tornado um verdadeiro problema de saúde pública. Assim, por exemplo, um estudo[21] mostrou que, em 2008, aproximadamente 5,2%

---
[19] IBOPE INTELIGÊNCIA. Pesquisa "Mapa do Sono dos Brasileiros". São Paulo: Ibope Inteligência para Takeda. Março, 2020.
[20] ZANUTO, A. E. *et ali*. Sleep disturbances in adults in a city of Sao Paulo state. *Revista brasileira de epidemiologia*. 18 (1) Jan-Mar 2015, p. 42-53.
[21] OLFSON, M., KING, M., SCHOENBAUM, M. Benzodiazepine use in the United States. In: *JAMA Psychiatry*. 2015; 72(2):136-142.

dos adultos norte-americanos com idade entre 18 e 80 anos usavam benzodiazepínicos — ou seja, uma em cada vinte pessoas. Essa taxa tendia a aumentar nas faixas de maior idade, sendo que o consumo desses medicamentos era quase duas vezes mais prevalente em mulheres do que em homens. Em todos os grupos etários, cerca de um quarto dos indivíduos que receberam benzodiazepínicos terminou por desenvolver uso de longa duração.

Estudando sete bases de dados europeias de serviços de saúde, outro estudo[22] encontrou taxas brutas de prevalência anual de prescrição de benzodiazepínicos variando entre 570 e 1700/10.000 pessoas durante o período. As taxas de prevalência também aumentaram consistentemente com a idade e foram duas vezes maiores nas mulheres do que nos homens em todos os bancos de dados.

No Brasil, um estudo do Instituto de Medicina Social da UERJ[23] mostrou que, de 2009 a 2013, o consumo de doses diárias padronizadas do tranquilizante clonazepam (Rivotril®) no estado do Rio de Janeiro passou de 0,35 para 1,97/1000 habitantes, ou seja, um aumento de 550%, os números sendo ainda maiores para indivíduos com mais de 18 anos. Os resultados sugerem que até 2% da população adulta usa clonazepam, possivelmente como um sedativo-hipnótico.

O panorama da vastidão do problema mundial da insônia e a verdadeira epidemia de consumo de medicamentos para dormir solicitam uma radical interrogação a respeito das condições histórico-sociais relacionadas ao adormecimento e a suas perturbações.

---

[22]HUERTA, C. et alli. Exposure to benzodiazepines (anxiolytics, hypnotics and related drugs) in seven European electronic healthcare databases: a cross-national descriptive study from the PROTECT-EU Project. In: *Pharmacoepidemiol Drug Saf* 2016; 25(Supl. 1):56-65.
[23]ZORZANELLI, R. et al. Consumption of the benzodiazepine clonazepam (Rivotril®) in Rio de Janeiro State, Brazil, 2009-2013: an ecological study. In: *Ciência e saúde coletiva* [online]. 2019, vol. 24, n. 8, p. 3129-3140. Disponível on-line em *https://doi.org/10.1590/1413-81232018248.23232017*. Acessado em 17 de junho de 2021, às 14h03.

The city that never sleeps

O *nickname* da "capital do mundo" mostra bem o tipo de relação que as cidades contemporâneas mantêm com o sono e com o repouso. De fato, nossos tempos se comportam como se dormir fosse um elemento meramente contingente da existência. Há muito o descanso despiu-se de seus mantos sagrados. Se até mesmo o Criador repousou ao sétimo dia, havendo concluído sua obra, e se quase todas as grandes religiões guardam um dia santo na semana dedicado ao recolhimento e ao serviço do Senhor, o mesmo não ocorre na sociedade atual. "Bancos 24 horas" (e mesmo de 30 horas!), "shoppings abertos aos sábados, domingos e feriados", "assistência técnica dia e noite", "formação contínua", "voos *non-stop*", "sessões-coruja", "plantões permanentes", "24 horas por dia", "sete dias por semana" e "vigilância ininterrupta" são expressões e figuras de nosso cotidiano a tal ponto familiares que já não causam mais qualquer estranheza. Entre a queixa e o orgulho, declaramos — sempre que a oportunidade se apresenta — que a vida está uma correria.

Na mesma direção, as solicitações para ficarmos conectados todo o tempo às redes sociais, ao computador, ao telefone celular, às notícias e ao que acontece no mundo fazem com que o imperativo de "nunca desligarmos" nos seja absolutamente natural. Sob essa perspectiva, a terrível profecia antecipada por Paul Lafergue em 1855, em seu clássico ensaio *O elogio da preguiça*[24], parece ter se concretizado: os progressos da tecnologia não serviriam para aliviar o homem do trabalho, mas para escravizá-lo de maneira ainda mais eficaz. Os médicos indicam que o atrativo incessante fornecido pelos dispositivos eletrônicos de comunicação constitui um dos

---

[24]LAFARGUE, P. (1855) *O direito à preguiça*. Tradução de Alain François. São Paulo: Edipro, 2016.

maiores inimigos do adormecer, e todas as modalidades de "higiene do sono", atualmente promovida pelos especialistas, iniciam de maneira incontornável pela recomendação de se manter distância desses aparelhos na hora de dormir.

Cada vez menos está previsto parar. O ócio e a desconexão das redes tornaram-se uma espécie de falha de caráter ou traço condenável de um sujeito, de um grupo ou de uma nação. Dormir parece ir na contracorrente da história. Tempo é dinheiro, e não há tempo a perder. Nesse contexto de pressa e de luta pela sobrevivência, o repouso noturno parece quase um luxo, uma veleidade desmedida cujo preço pode ser a exclusão do mercado de trabalho e o banimento do mundo de sonhos prometido pelo capitalismo globalizado. Macunaíma definitivamente saiu de moda; a preguiça, mais do que nunca, é um pecado... capital.

Mesmo assim, dormir é preciso. Como conseguir trabalhar, competir no mercado, produzir, ganhar a vida e consumir sem o repouso tão necessário para a reposição da capacidade de trabalho e de competição? Nos dias de hoje, o sono noturno não é propriamente um prazer do qual se desfruta, mas uma necessidade imperativa para que a engrenagem produtiva possa continuar em marcha.

Isso corresponde a uma bizarra contradição: dormir é abandonar o sacrossanto mundo da produção e do consumo, da luta pela sobrevivência no mercado. Mas não dormir é ficar enfraquecido ou mesmo incapacitado para enfrentar as exigências de desempenho e de competição que a cada dia nos esperam, sempre renovadas. O cansaço, a fadiga, o estresse, o *burn-out*, a sonolência e a insônia encontram aí seu contexto significativo e sua inscrição.

Dessa forma, medicamentos para dormir e medicamentos (e outras substâncias) para se manter desperto, apesar da exaustão física e psíquica, convivem lado a lado no mercado psicofarmacológico, retratando uma patética condição de mal-estar e de contradição interna de nossa cultura. Dividido entre os imperativos de não poder dormir (para não "dormir no ponto" e acabar perdendo seu lugar) e o de ter de descansar para poder estar apto à competição do mercado de trabalho no dia seguinte, o homem moderno acaba por se esquecer do "sono gostoso" ou do "prazer de descansar".

O sono, a noite e o repouso noturno tornam-se, assim, cada vez mais objeto de tecnologia e de manipulação pragmática, perdendo progressivamente seu caráter sagrado, atávico, misterioso. Contudo, o sono e a noite são dimensões antropológicas matriciais da experiência humana e, portanto, irredutíveis — por sua própria obscuridade imanente — às objetivações do espírito das Luzes. Aqui, um estranho entrecruzamento entre o progresso iluminista, a engrenagem capitalista e a biologia do sono começa a despontar: de certa forma, os três elementos se ancoram na luz, tendendo à desvalorização do caráter sagrado da noite.

A biologia do sono, a luz e a competição capitalista

Do ponto de vista neurológico, o sono se inscreve em ritmos biológicos — endócrinos, metabólicos, de funcionamento neuronal — que acompanham a alternância diária do dia e da noite, nos chamados "ciclos circadianos". A fisiologia do sono é estruturada em sintonia com essa alternância, que marca o compasso de nossas diferentes modalidades de existir neurológica e psiquicamente no que se refere à consciência. A noite e a escuridão, nesse caso, constituem elos importantes entre a natureza e o caráter especificamente humano do dormir.

O ciclo sono-vigília depende diretamente das variações de nossa exposição à luz. A retina dispõe de neurônios ganglionares fotossensíveis cuja estimulação faz com que produzam um fotopigmento — a melanopsina. Dessa forma, o estímulo luminoso agindo sobre os olhos é o ponto de partida para uma série de estímulos neuroelétricos que se distribuem ordenadamente através de circuitos cerebrais específicos: neurônios ganglionares da retina — núcleo supraquiasmático (hipotálamo) — núcleo paraventricular — neurônios medulares — até atingirem a glândula pineal. De maneira esquemática, pode-se dizer que a luz inibe a produção, por essa glândula, do principal hormônio implicado no adormecer: a melatonina. Correlativamente, a diminuição do estímulo luminoso, tal como ocorre na noite, interrompe a inibição da secreção desse hormônio, o qual, uma vez disponível no cérebro, desencadeia a entrada no sono. Constata-se, portanto, que fomos programados pela seleção natural para dormirmos noturnamente, sob a influência da escuridão. A história e a cultura tornaram possível transgredir essa disposição biológica. Muito de nossas vicissitudes relativas ao sono está diretamente ligado a esse caráter transgressivo do humano em face de suas determinações naturais associadas ao adormecer: para o melhor e para o pior.

Um inquietante laço pode, então, ser estabelecido entre os interesses do capital, o sono dos indivíduos e os estímulos luminosos. A atenção e a vigilância de cada pessoa tornam-se, neste mundo cada vez mais ancorado na virtualidade das redes sociais, um verdadeiro ativo econômico-financeiro. A conquista ideológica de corações e mentes, assim como a conquista cada vez mais voraz do público potencialmente consumidor, passa pela captura de sua atenção nas redes, pela conquista de sua audiência, pela obtenção de *likes* e pela busca pelo automatismo que lhe faça... gastar, comprar, vender barato sua força de trabalho.

Manter o possível consumidor sempre ligado, conectado, fornecendo dados e padrões de consumo e sempre pronto a gastar torna-se uma questão maior de *marketing*. Mas para mantê-lo desperto é preciso chamar permanentemente sua atenção. É preciso apresentar-lhe sinais, sempre luminosos, que atraiam sem trégua sua preciosa atenção, suprimindo o sono.

Luzes e sombras: uma breve história da noite

De fato, o problema das luzes e da escuridão que induz o sono é central para nossa reflexão. O livro *Noite*, de A. Alvarez, mostra como a instalação das primeiras lâmpadas elétricas para a iluminação das ruas, por volta de 1882, transformou para sempre a nossa percepção do mundo. Nas palavras de Rayner Branham, citado nesse texto, tratava-se "da maior revolução ambiental na história da humanidade desde a domesticação do fogo"[25].

Nossa relação com o mundo noturno, das sombras e da escuridão iria se modificar radicalmente a partir dessa inovação tecnológica. Até aquele momento, o processo de "civilização da noite" pouco se transformara desde a pré-história, dependendo fundamentalmente de técnicas de iluminação pelo fogo.

É preciso lembrar que foi apenas no século XIX, com a introdução da iluminação a gás, "que as cidades começaram a ser iluminadas regularmente, de forma confiável e em grande escala"[26]. Até então, o fogo noturno era um dos polos organizadores da sociedade: "o primeiro centro social foi provavelmente a fogueira, um lugar seguro em meio à perigosa escuridão"[27]. O uso de lâmpadas de gordura (sabe-se do papel decisivo do óleo de baleia nessa tecnologia de iluminação pública), de óleo, de tochas de alcatrão, de cera ou de estopa constituiu um esforço cultural no sentido de tornar a noite tolerável.

Na Idade Média, mesmo com a difusão do uso de velas, o acesso a essa tecnologia era muito caro e restrito, praticamente impedindo sua utilização regular pelas populações mais pobres, as quais

---

[25] BRANHAM, R. apud ALVAREZ, A. *Noite*. São Paulo: Companhia das Letras, 1996, p. 30.
[26] ALVAREZ, A. *Noite*. São Paulo: Companhia das Letras, 1996, p. 30.
[27] *Ibid.*, p. 22.

tendiam a organizar seus dias e períodos de sono de acordo com a luz solar. As velas mais baratas, relata Alvarez, eram feitas de sebo, exalando um odor desagradável e irritando os olhos. Em geral, as casas permaneciam às escuras, dispondo de no máximo uma única vela acesa, com a família se distribuindo em torno dela, segundo as atividades realizadas: ficavam mais próximos os que costuravam ou jogavam cartas; mais distantes os que procuravam conversar ou apenas dormir. "Foi esse tipo de cena", diz Alvarez, "em que as figuras se cristalizam emergindo da escuridão em torno de uma única fonte de luz, que inspirou artistas como Caravaggio e (Georges) De la Tour"[28]. Diz ainda o texto: "Era preciso ter muito dinheiro para esbanjar um artigo de luxo como a luz artificial: gozar a noite era um símbolo de privilégio social, uma forma de consumo conspícuo"[29].

Só mais recentemente, já na Idade Moderna, a vida noturna passou a ser acessível a todos, como um horário democrático para a realização de tarefas "normais". Até um ou dois séculos atrás, continua Alvarez, a noite ainda era um tempo de terrores, de maus presságios e de violência, era uma área em que não se devia penetrar, onde criminosos, duendes e todas as outras forças das trevas reinavam; um tempo em que os cidadãos respeitadores da lei aferrolhavam suas portas e se agrupavam em torno do fogo com apenas uma vela para lhes iluminar o caminho da cama[30].

É difícil imaginar hoje como deve ter sido a vida noturna antes da utilização da eletricidade: deslocar-se à noite na escuridão comportava perigos obscuros e cada ruído era pleno de significação. Com o progresso e com a colonização da noite, esta diminuiu seus perigos, mas nem por isso desvendou-nos seus mistérios. É ainda à

---

[28]*Ibid.*, p. 25.
[29]*Ibid.*, p. 26.
[30]*Ibid.*, p. 27.

noite, no silêncio de seu repouso, que o homem tem um encontro marcado consigo mesmo, com o real erótico de seu corpo e com seus desejos ocultos, sem para isso dispor da referência narcísica a um "ego" por meio do qual organiza a fachada de sentido e de coerência de sua vida durante a vigília.

O fato de que as neurociências tenham trazido aportes significativos para o conhecimento do sono e do sonho, chegando mesmo a identificar as fases eletrocerebrais em que ocorrem os processos oníricos, não modifica o ponto decisivo que o registro eletroencefalográfico das fases elétricas do sono constitui, sendo apenas uma das perspectivas de apreensão racional desse objeto de estudo, deixando inexplicadas inúmeras dimensões relevantes do dormir enquanto experiência subjetiva e libidinal.

Podemos nos interrogar, por exemplo, sobre o fato de a fase REM do sono — associada aos sonhos complexos — não ser um apanágio da espécie humana, estando presente em praticamente todos os mamíferos superiores. O que especificaria, pois, o sono humano, que se expressa nessa fase REM, em relação ao dos animais? Coloca-se, assim, com contundência o problema dos efeitos propriamente humanizantes da "contaminação" e "colonização" desses processos fisiológicos pela linguagem, pela cultura e pelo desejo. É também a partir desse ponto e desse limite que se coloca a especificidade da abordagem iniciada por Freud. Não seria, pois, o caso de colocarmos, a partir de uma perspectiva psicanalítica, a questão de uma "erótica do sono", na tentativa de elucidarmos sob novas luzes essa forma de mal-estar tão relevante no mundo contemporâneo?

O sono segundo a perspectiva freudiana

Como vimos, o organismo humano é biologicamente programado para repousar em períodos regulares através da suspensão da vida de vigília pelo ingresso no sono, este induzido sob o estímulo da escuridão e da diminuição de estímulos sensoriais provindos do ambiente. A oposição que a vontade ou o desejo podem exercer contra essa tendência fundamental é bastante restrita. Em geral, o sono termina por impor a sua razão, e o indivíduo sucumbe de forma inelutável ao cansaço quando este atinge um certo limiar.

De certa maneira, foi justamente considerando que o sono desempenhava uma função decisiva na economia biológica e psíquica do homem que Freud veio a propor que o sonho seria o guardião do sono. Segundo seu ponto de vista, seria no esforço de preservar a continuidade da experiência erótica e reparadora do repouso que o processo onírico apresenta os desejos insistentes e perturbadores como já realizados, ainda que o faça de maneira alegórica e dissimulada.

Nayra Ganhito[31], em seu importante estudo psicanalítico sobre o sono, traça detalhadamente a evolução histórica do pensamento de Freud sobre esse tema. Ela mostra que o interesse do autor de "A interpretação dos sonhos" pelo dormir aparece desde o início de seu percurso teórico-clínico, quando se dedicou ao estudo do hipnotismo. Naquele momento, ele considerava que o sono comum se originava de um processo de autossugestão por meio do qual o psiquismo entrega-se ao "desejo de dormir" (*Wunch zum schlafen*), desligando progressivamente o eu de seu contato com o mundo externo e com seus objetos. O hipnotismo seria a indução desse mesmo processo pela intervenção de uma outra pessoa, em relação à qual o sujeito se colocaria em posição de completa entrega, em virtude do estabelecimento de uma vinculação libidinal particular. Grande parte de seu esforço teórico posterior, em especial em "Psicologia das massas e análise do eu", seria dedicado à elucidação da natureza desse vínculo tão enigmático.

---

[31]GANHITO, N. *Distúrbios do sono*. São Paulo: Casa do Psicólogo, 2001.

Também no contexto de suas investigações sobre as neuroses atuais, Ganhito conclui que as perturbações do sono acabariam por se impor como dimensões clínicas significativas. Em particular na neurose de angústia, a insônia, o sono agitado e o despertar sobressaltado no meio da noite demonstram a estrita relação entre esses sintomas e os fenômenos ansiosos.

Contudo, a primeira grande colaboração teórica de Freud sobre o sono ocorreria na *Traumdeutung*. Em sua teoria ali apresentada sobre o processo onírico, a referência ao sono ocupa um lugar central. Em última instância, o dispositivo do sonhar e o trabalho deformador do sonho (em relação aos pensamentos do sonho) constituiriam recursos para evitar que o sono seja perturbado pela invasão de desejos inaceitáveis, emergindo graças ao relaxamento da censura propiciado pelo adormecimento. Dessa forma, a função reparadora e regenerativa do sono vem para o primeiro plano. É para preservá-la que os sonhos são colocados em marcha.

Evidentemente, o processo restaurador do sono não é independente do sonhar. Em "A interpretação dos sonhos", Freud sustenta explicitamente que o sonho participa de forma direta dos benefícios propiciados pelo ato de dormir. Nesse momento do percurso freudiano, o que permanece enigmático é a determinação propriamente libidinal do dormir. Os estudos de Freud sobre o tema do narcisismo permitiriam, ulteriormente, colocar a dimensão erótica do sono. Para melhor situarmos o ponto de vista, é necessário focalizarmos mais precisamente as relações entre o sono e o narcisismo primário.

Sono e narcisismo primário

A partir dos estudos de Freud sobre a psicose realizados em direta conexão com as pesquisas do então jovem psiquiatra suíço Carl G. Jung, surge a ideia de que os investimentos libidinais poderiam estar dirigidos não apenas aos objetos, mas igualmente ao próprio eu. Nessa perspectiva, o processo psicótico consistiria em uma sorte de catástrofe psíquica na qual o eu, confrontado com um aspecto intolerável da realidade em face de seu próprio mundo mental, reagiria com um retraimento radical de seus investimentos objetais, investindo maciçamente no eu e seus complexos inconscientes. O resultado disso seria uma profunda clivagem em relação ao mundo culturalmente compartilhado e uma profunda ativação da vida mental inconsciente, que passa a funcionar com enorme autonomia em relação ao eu.

Freud foi, assim, levado a postular a existência de uma etapa inicial, normal, do desenvolvimento da libido que denominaria "narcisismo". Ora, uma de suas grandes dificuldades, como de resto dos psicanalistas que o sucederam, foi a de situar com precisão os momentos e as modalidades normais de incidência dessa forma paradoxal de amor pela imagem de si mesmo.

Em sua análise das memórias do presidente Schreber, por exemplo, Freud afirma que

> Pesquisas recentes dirigiram nossa atenção para um estágio do desenvolvimento da libido, entre o autoerotismo e o amor objetal. Este estágio recebeu o nome de narcisismo. O que acontece é o seguinte: chega uma ocasião no desenvolvimento do indivíduo, em que reúne seus instintos sexuais (que até aqui estavam empenhadas em atividades autoeróticas) a fim de conseguir um objeto amoroso, sendo apenas subsequentemente que passa daí para a escolha de alguma outra pessoa que não ele mesmo, como objeto.[32]

---

[32]FREUD, S. (1911) Notas psicanalíticas sobre um relato autobiográfico de um caso de paranoia (dementia paranoides). In: *Edição standard brasileira das obras psicológicas completas de Sigmund Freud. O caso Schreber, Artigos sobre técnica e outros trabalhos (1911-1913)*. Direção de tradução de Jayme Salomão. Rio de Janeiro: Imago, 1996, p. 82-83.

Em outra ocasião, um pouco mais tarde, Freud postulará a distinção entre um "narcisismo primário" e um "narcisismo secundário", embora os limites entre os dois conceitos nunca tenham sido totalmente demarcados. A teoria sobre o sono, de Freud, será quase integralmente desenvolvida a partir desse conceito.

A ideia do "narcisismo primário" ligado ao sono é correlativa ao abandono dos investimentos nas imagens cotidianas do eu e dos objetos do mundo, lançando o sujeito em uma experiência de ser em plenitude e sem limites, tal como supostamente seria a vivência do bebê no meio intrauterino. Para que se possa fruir de tal experiência de desidentificação com o próprio ego e de puro gozo de ser, é necessário que previamente sejam criadas as condições de entrega pessoal a essa experiência, sem se deixar amedrontar pela indeterminação e pelos riscos pulsionais (de confrontação crua com elementos que deveriam permanecer recalcados) que ela comporta:

> [...] todas as noites os seres humanos põem de lado os invólucros com que envolvem sua pele, e qualquer coisa que possam usar como suplemento aos órgãos de seu corpo [...] Podemos acrescentar que, quando vão dormir, despem de modo inteiramente análogo suas mentes, pondo de lado a maioria de suas aquisições psíquicas. Assim, sob ambos os aspectos, aproximam-se consideravelmente da situação na qual começaram a vida. Somaticamente, o sono é uma reativação da existência intrauterina.[33]

Dessa forma, para que um indivíduo possa dormir, é necessário que ele seja capaz de tolerar o abandono dos investimentos

---

[33]FREUD, S. (1917) Suplemento metapsicológico à teoria dos sonhos. In: *Edição standard brasileira das obras psicológicas completas de Sigmund Freud. A história do movimento psicanalítico, Artigos sobre a metapsicologia e outros trabalhos (1914-1916)*. Direção de tradução de Jayme Salomão. Rio de Janeiro: Imago, 1996, p. 253.

narcisistas e de se permitir a regressão a um nível muito arcaico de gozo corporal. Rude experiência para o homem contemporâneo, que tem na preocupação com seu próprio eu o maior dos valores!

Partindo de tais premissas freudianas, Ferenczi aprofunda o estudo dos processos eróticos implicados no sono em vários trabalhos, em especial na parte 9, intitulada "Coito e sono", de seu ensaio *Thalassa*[34]. Nesse texto assumidamente especulativo, o psicanalista húngaro sustenta a tese de que a estrutura fundamental do desejo consiste no retorno do ser às condições mais primitivas da existência viva, ou seja, à fusão no ambiente marítimo arcaico. A apreensão no plano ontológico dessa experiência primitiva da difusão gozosa no mar dar-se-ia pela vivência intrauterina de cada indivíduo. Ferenczi afirma explicitamente que "o líquido amniótico figura o oceano introjetado no corpo materno"[35].

Nesse contexto teórico, o sono e o coito, processos aparentemente tão díspares, realizariam o mesmo objetivo regressivo de fusão com a matriz, embora por meios diferentes. Em ambos, o que se busca, em última instância, é o retorno à quietude da vida intrauterina, com regressão ao ventre materno e difusão do eu nesse oceano originário sem limites. A diferença maior residiria no fato de que o sono mimetizaria de forma mais completa a vivência de perda de limites no oceano materno, enquanto o coito reproduziria o conflito vital entre a permanência e a saída do corpo da mãe, vivido no momento do nascimento. Apenas durante o orgasmo a experiência de fusão seria mais completa e mais intensa.

Nesse sentido, Ferenczi faz uma aproximação entre o orgasmo, o sono e a morte: "O sono, diz um velho ditado latino, é o irmão

---

[34]FERENCZI, S. *Thalassa: ensaio sobre a teoria da genitalidade*. São Paulo: Martins Fontes, 1990.
[35]*Ibid.*, p. 292.

da morte"[36]. De fato, na versão ferencziana da mitologia antiga, *Thanatos* e *Hypnos* são irmãos, filhos da mesma mãe: *Nyx*, a Noite. Joyce McDougall[37], por sua vez, relembra que, na língua francesa, o orgasmo é chamado de "la petite mort".

Decorre da teoria de Ferenczi que muitos quadros de insônia (bem como de impotência sexual) estariam relacionados à enorme ameaça que representaria ao eu a perda de seus limites engendrada pelo adormecer, a qual seria vivenciada como "morte", num plano psicológico.

Esse mesmo sentimento oceânico seria explicitamente discutido por Freud em "O mal-estar na civilização"[38]. A hipótese de que tal "sentimento" estaria na base das experiências místicas e religiosas provém de Pfister e consistiria em "um sentimento de vínculo indissolúvel, de ser uno com o mundo externo como um todo". Freud, contudo, contesta a universalidade dessa vivência, dizendo que jamais conseguiu descobri-la em si próprio e, sobretudo, questiona a pretensão de Pfister em erigi-la como fundamento da religiosidade. Para Freud, a ideia de uma fusão absoluta com o universo corresponderia apenas ao desespero do eu ao constatar a vastidão incomensurável do não eu, incontrolável e, portanto, fonte de ameaças e de incertezas. Fundir-se ao grande Todo representaria apenas uma estratégia imaginária de ampliar infinitamente os limites do eu, fazendo desaparecer a angústia de seu próprio desamparo.

Dessa forma, a visão freudiana tende a atribuir um papel central ao sentimento de desamparo para a constituição da vivência

---

[36]*Ibid.*, p. 311.
[37]MCDOUGALL, J. Sommeil, orgasme et mort. In: VARELA, F. *Dormir, rêver, mourir*. Paris: Nil Éditions, 1998, p. 70.
[38]FREUD, S. (1930) O mal-estar na civilização. In: *Edição standard brasileira das obras psicológicas completas de Sigmund Freud. O futuro de uma ilusão, O mal-estar na civilização e outros trabalhos (1927-1931)*. Direção de tradução de Jayme Salomão. Rio de Janeiro: Imago, 1996, p. 253.

místico-religiosa, deslocando a regressão "oceânica" a um plano secundário e defensivo contra a ameaça do mundo externo:

> Não consigo pensar em nenhuma necessidade da infância tão intensa quanto a proteção de um pai. Dessa maneira, o papel desempenhado pelo sentimento oceânico, que poderia buscar algo como a restauração do narcisismo ilimitado, é deslocado de um lugar em primeiro plano. A origem da atitude religiosa pode ser remontada, em linhas muito claras, até o sentimento de desamparo infantil.[39]

É nessa perspectiva que o pensamento de Freud sobre a dimensão erótica e narcisista do sono implica uma reflexão sobre o desamparo e sobre o papel do Outro em sua ação de erotizar o repouso e tornar prazerosa e tolerável a experiência de regressão radical implicada no dormir.

Em seu belo livro *O acalanto e o horror*, Ana Lúcia Cavani Jorge pergunta-se: se o adormecer é apenas um fato natural, por que não adormecemos simplesmente[40]? Por que quando crianças necessitamos do acalanto amoroso de uma mãe devotada para que possamos nos entregar a essa experiência de abandono de nós mesmos?

A autora propõe que, em última instância, o acalanto, em seu processo de assegurar uma presença suave e bondosamente vigilante, permite que a criança se entregue sem receios ao adormecer: "[O acalanto] também acaba servindo para ajudar mãe e criança a aceitar a solidão humana"[41]. Logo, vemos que a vigília benfazeja da mãe à cabeceira de seu bebê, que reluta em dormir, e o velar doloroso diante do corpo sem vida da pessoa amada encontram-se

---
[39] *Ibid.*, p. 90.
[40] JORGE, A. L. C. *O acalanto e o horror*. São Paulo: Escuta, 1988.
[41] *Ibid.*, p. 21.

misteriosamente em um processo de luto e de conciliação com a falta. É nesse sentido que Ganhito afirma que, na verdade, a mãe é a primeira guardiã do sono e que só posteriormente esta poderá ser abandonada em favor dos processos oníricos do sujeito na realização dessa tarefa fundamental.

A propósito da experiência potencialmente perturbadora do mergulho nas fases mais profundas do sono, Pierre Fédida afirma, baseado nos trabalhos neurofisiológicos de Fisher, que:

> A aparição dos terrores noturnos (principalmente no bebê) fez objeto da parte de Fisher e seus colaboradores de uma exploração metódica que os conduziu a falar de uma regressão profunda do eu na fase IV do sono, no momento em que o que dorme está o mais completamente retirado do mundo exterior e enfiado no somático. As defesas estão enfraquecidas e as condições formais estão reunidas para que o estado daquele que dorme seja o de um desamparo pânico.[42]

Há, pois, um risco de que o contato com os aspectos mais crípticos do próprio corpo erógeno, propiciado nas fases mais profundas do sono, constitua apenas uma vivência desesperante de não mãe e de não eu, sem qualquer esperança de reencontro de uma imagem unificadora de um suposto "si-mesmo".

No encontro do sono com o desamparo, talvez a mítica figura do santo Anjo da Guarda, zeloso guardador do repouso das criancinhas em nossa cultura, constituiria um verdadeiro ícone da construção das condições de possibilidade para um dormir em paz. Em uma etapa inicial, como afirma Joyce McDougall, apoiada nas teses de Winnicott, é a mãe devotada comum, e não propriamente o sonho, a guardiã do

---

[42] FÉDIDA, P. Hypnose, transfert et suggestion. In: *Crise et contre-transfert*. Paris: PUF, 1992, p. 106.

sono. É somente quando esse anjo da guarda puder de alguma forma ser incorporado ao eu que o dormir em paz poderá se instalar.

Na verdade, a obra de Freud, ao confrontar o homem com a questão do desamparo, coloca o problema sob sua vertente ainda mais radical: qual o sono possível, uma vez desfeita a ilusão estruturante propiciada pela mãe protetora, pelo anjo da guarda? Há um sono possível para o homem que dorme sem qualquer garantia sob a noite escura?

Da noite horrenda à noite obscura

"Em uma noite escura
De amor em vivas ânsias inflamada,
Oh! ditosa ventura!
Saí sem ser notada,
Já minha casa estando sossegada.
Na escuridão, segura,
Pela secreta escada disfarçada,
Oh! ditosa ventura!
Na escuridão, velada,
Já minha casa estando sossegada.
Em noite ditosa,
E num segredo em que ninguém me via,
Nem eu olhava cousa,
Sem outra luz nem guia
Além da que no coração me ardia."
    SÃO JOÃO DA CRUZ, canção "Em uma noite escura"

Em um outro artigo[43], tive a oportunidade de trabalhar o problema da solidão tal como apresentado no livro *A hora da estrela*,

---

[43]PEREIRA, M.E.C. (2017) Solidão e alteridade em *A Hora da Estrela*, de Clarice Lispector. In: RIVERA, T., CELES, L. A. M., SOUSA, E. L. A. (org.) *Psicanálise — Coleção Ensaios Brasileiros Contemporâneos*. Rio de Janeiro: FUNARTE, p. 345-360.

de Clarice Lispector. Na novela, o narrador, Rodrigo S. M., revela um dos elementos que o fizeram ficar desesperada e urgentemente interessado por aquela nordestina comum e miserável chamada Macabéa: apesar de sua profunda miséria material e espiritual, aquela pequena mulher deserdada de tudo conseguia dormir profundamente, enquanto ele próprio vivia "em busca de uma verdade que (o) ultrapassa". Dizia o narrador: "Dormia de boca aberta por causa do nariz entupido, dormia exausta, dormia até o nunca"[44]. Como lhe era possível dormir tão naturalmente, sendo tão pobre e tão abandonada à miséria e à indiferença?

Dessacralizado, desritualizado, integralmente submetido ao *logos* pragmático da ciência a serviço da produção e do capital, imerso em uma sociedade profundamente marcada pelo individualismo, pelo narcisismo e pela idealização do consumo, o sono do homem contemporâneo — nesses tempos de competição feroz e de exigências de sucesso — encontra-se desamparado de seu continente materno e libidinal, que, em condições ideais, se expressaria por meio de um desejo erótico de dormir.

Todo o contato com essa dimensão misteriosa do sono, em que as imagens idealizadas de um ego perdem sua capacidade alienante de fazer as vezes do próprio sujeito, torna-se ameaçador para a estabilidade identificatória do indivíduo. Sob essa ótica, dormir constitui por si só uma das maiores concessões que o homem contemporâneo se vê obrigado a fazer em favor de sua natureza animal e afetiva, pois significa colocar temporariamente em suspenso seu principal referente do Universo: o "eu".

Assim, por um lado, o cansaço impõe um desligamento daquele objeto libidinal supremo de nossos tempos — o próprio eu. Por outro, tal desnudamento forçado, acompanhado do desabamento

---

[44] LISPECTOR, C. (1977) *A hora da estrela*. Rio de Janeiro: Francisco Alves, 1995, p. 35.

temporário do cenário mundano em que a imagem egoica guarda algum sentido, pode fazer da hora de dormir uma terrível ameaça. Nesse momento — erigido como hora da verdade —, o sujeito, despido da roupagem vistosa com que se apresentava ao mundo e a si, vê-se inexoravelmente obrigado a contemplar a "noite horrenda". Trata-se de um encontro diário, marcado com a verdade de si e com o desamparo fundamental, para o qual o sujeito não estava preparado e do qual se esquivaria de bom grado se possível fosse.

O advento da Idade Moderna e a vitória do Iluminismo — nome este não sem relação com a noite e com a escuridão necessária ao sono — trazem ao homem uma nova promessa e uma nova esperança: o destino do indivíduo e das nações não estará mais diretamente determinado pelo divino, encarnado na figura do monarca. Doravante, o Estado leigo e os cidadãos deverão assumir em suas próprias mãos a radical falta de garantias sobre a qual se dá a existência, utilizando os meios que estão ao seu alcance, sobretudo a razão e a organização política, para efetivar a realização dos valores que eles próprios assumirem como fundamentais. As luzes da Razão iluminariam o obscurantismo das crenças e das tradições cristalizadas.

Uma profunda transformação ocorre, assim, no modo de subjetivação ocidental. Até ali, por mais alienada e sofrida que fosse a condição do vassalo e do súdito, o universo possuía uma ordem pré--determinada. O rei presentificava de direito a autoridade divina no campo do Estado, e a Igreja, por sua vez, no campo espiritual. Apenas a estes se colocava a questão de olhar de frente o silêncio das esferas celestes e, perturbados, por um instante duvidarem da própria fé.

Shakespeare retrata magistralmente esse momento da história das relações dos homens com seu próprio desamparo em uma passagem inesquecível de *Henrique V*. É importante notar que esse trecho fala não apenas da posição do soberano obrigado a sustentar junto a seus súditos a vontade e a autoridade de um Deus que ele próprio não vê, mas trata igualmente da possibilidade do homem medieval dormir em paz, repousando sobre a garantia oferecida pela figura de seu monarca enquanto representante legítimo do divino.

Trata-se do monólogo proferido pelo rei no início do quarto ato, quando, entre seus soldados, ele se encontra sozinho no acampamento do exército, na madrugada que precede a batalha decisiva de sua invasão à França. Fora ele, Henrique V, quem havia exortado seu povo a lhe acompanhar na missão de reclamar o reino da França, julgando ter o direito de governá-lo, segundo sua interpretação da lei de sucessão. Fundados apenas nas palavras sagradas do rei, soldados e civis partiram de suas casas para o estrangeiro, para a guerra e, talvez, para a morte.

Aquela noite era um momento da verdade para Henrique. Após várias batalhas em território francês, exaustos, famintos e em muito menor número, os ingleses encontravam-se cercados pelo inimigo, situado poucos metros à frente, aguardando apenas o amanhecer para que se iniciasse a batalha decisiva. Tudo indicava que seus homens, e provavelmente ele próprio, seriam humilhados e massacrados no dia seguinte. Henrique havia utilizado um disfarce para poder se deslocar à noite no acampamento sem ser reconhecido por seus homens, a fim de poder avaliar o estado de ânimo das tropas. Passando de grupo em grupo, o monarca pôde descobrir que aos soldados pouco importava se a causa pela qual provavelmente morreriam era justa ou não. Isso era um problema do rei. A eles bastava cumprir com seu dever de obediência e lealdade. Em certo momento, Henrique escuta o seguinte debate a respeito da justiça ou não da guerra por ele desencadeada:

BATES: [...] Já é suficiente sabermos que somos súditos do rei. Se sua causa for injusta, nossa obediência nos limpará de toda a culpa.

WILLIAMS: Sim, mas se for injusta, o rei terá de prestar contas muito sérias, quando todas as pernas e braços e cabeças decepadas na batalha se tornarem a juntar no dia do Juízo, e gritarem a uma voz: "Foi em tal lugar que morremos!" Alguns amaldiçoando, outros, em gritos, pedindo um cirurgião, outros pensando nas esposas quando ficaram sem recursos, outros em suas dívidas, outros em seus filhos prematuramente órfãos [...] se todos esses homens não morreram em estado de graça, será um mau negócio para o rei, que os conduziu a isso, uma vez que, como súditos, não lhe podem desobedecer.[45]

A um certo momento, Henrique percebe que, apesar dos terríveis presságios que acompanham aquela madrugada, quase todos seus homens dormem e que ele próprio — o rei — é o único insone. Sozinho em sua vigília angustiada, ele profere um implacável solilóquio, refletindo sobre sua condição de monarca insone, vagando na noite, enquanto os homens que ele conduzira àquela mortífera situação pareciam, apesar de tudo, repousar em paz. Após refletir sobre a futilidade do cerimonial e das reverências que de todos recebia e às quais dedicara sua vida, Henrique confronta-se com o sono pacífico de seus servos, aos quais conduzira ao iminente massacre:

> Sei que não é o bálsamo sagrado, a coroa imperial, o cetro, o globo, a espada, a maça, as vestes adornadas de pedras reluzentes, o pomposo título que precede o soberano, o trono que se assenta e, muito menos, a maré de honras que na praia bate do mundo transitório, nada disso, cerimônia três vezes majestosa, tudo isso posto num dossel esplêndido não poderá gozar do sono calmo do vil escravo, que,

---

[45]SHAKESPEARE, W. A vida do rei Henrique V. In: *Teatro completo de Shakespeare: dramas históricos*. Tradução de Carlos Alberto Nunes. São Paulo: Ediouro, sem data de publicação, p. 264.

com o corpo cheio e o espírito vazio, vai deitar-se, com o pão da desventura satisfeito, sem que jamais contemple a noite horrenda [...][46]

Dessa forma, Shakespeare sugere que a condição para que o súdito medieval pudesse desfrutar de seu sono reparador era a da alienação confiante ao rei e à estrutura do mundo, divinamente garantida, não comportando espaço para dúvidas ou para questionamentos. Apenas ao soberano colocava-se a tarefa de contemplar por si mesmo "a noite horrenda", assumindo a responsabilidade de suas próprias deliberações, marcadas por uma fatuidade e por uma contingência que somente a ele eram dadas a conhecer. Assim, lê-se mais adiante no mesmo solilóquio: "O vil escravo, membro da paz da terra em que labuta, dela se goza; mas no seu espírito não faz nenhuma ideia das vigílias que o rei tem de passar para que possa conservar essa paz"[47].

De alguma maneira, as "luzes" da modernidade viriam perturbar esse sono tranquilo e alienado, lançando todos na tarefa e na responsabilidade de confrontar a noite horrenda e construir a existência à sombra de sua tenebrosa presença.

Contudo, esse qualificativo, "horrenda", dado à noite, "essa filha do inferno" no dizer de Henrique V, não deixa de nos colocar uma questão. A noite, em si mesma, não é bela nem horrenda, apenas misteriosa e enigmática em sua magnífica indeterminação. Delimitá-la como "horrenda" já constitui uma forma de aplacar seu inquietante mistério, que a faz fonte de todos os possíveis. Inclusive do pior, mas não necessariamente dele.

Essa é a posição de São João da Cruz quando nos fala não da "noite horrenda", mas da "noite escura". Soubéssemos de antemão que a noite é horrenda, e ela deixaria de ser obscura, enigmática.

---
[46]*Ibid.*, p. 265.
[47]*Ibid.*, p. 266.

Tudo estaria paradoxalmente claro. Essa é justamente a inquietação de Hamlet: que sonhos inimagináveis nos reserva o sono da morte, terra desconhecida da qual jamais alguém retornou para nos revelar os segredos? O medo de que sejam pesadelos ainda piores do que aqueles sofrimentos que experimentamos em vida sufoca-nos a vontade e "nos faz preferir e suportar os males que já temos a fugirmos para outros que desconhecemos"[48]. Assim, a indeterminação *a priori* do sono pode ser assustadora pelos enormes riscos que comporta: ela comporta todo o risco do real. Por outro lado, é apenas pela indeterminação que pode existir um espaço para a liberdade e para a existência de um sujeito que, apesar das sobredeterminações impostas pelas cadeias simbólicas que o constituíram, ainda assim é regido por uma porção de seu ser que não cessa de não se inscrever, que não se deixa avassalar, que resiste a toda forma de submissão, de positivação e de explicitação absoluta. Este é o objeto da psicanálise e o núcleo de cada ser, que justamente resiste a toda interpretação que pretenda dar a última palavra — soberana, absoluta — sobre sua verdade. A palavra, assim condenada à claudicação errante, não está condenada à impotência, mas apenas à contingência de não poder dizer toda a verdade sobre o real do sujeito, a não ser aludindo-lhe de forma poética e oblíqua.

Coloca-se, assim, uma inquietante questão para o tema de que nos ocupamos: é possível o acesso ao sono, enquanto experiência erótica de reencontro consigo mesmo, sem o desenvolvimento de uma dimensão poética da existência? É possível que o sono permita ver na noite um mais além da mãe boa e carinhosamente aconchegante, um mais além que permita tolerar a escuridão — não como *a priori* horrenda, mas apenas como obscura e indeterminada, palco aberto a todo possível, e talvez ao impossível?

---

[48] SHAKESPEARE, W. *A tragédia de Hamlet, príncipe da Dinamarca*. Tradução, introdução e notas de Lawrence Flores. Ensaio de T. S. Eliot. São Paulo: Companhia das Letras, 2015, p. 112.

A erótica do sono

À luz — e às sombras — do amplo painel aqui esboçado, o sono termina por colocar inesperadamente questões radicais implicadas no fundamento mesmo da experiência humana: suas matrizes natural e biológica atravessadas pela linguagem, pelo Simbólico, pela história, pela política. Pelo Outro, portanto. E também a incompletude desse Outro, correlativa do fundo de falta de garantias e de desamparo sobre o qual se desenrola a existência. E ainda, quem sabe, o gozo real de simplesmente se deixar dormir, ser, sem a necessidade de mediação de imagens reasseguradoras de minha unidade coerente, tão visadas pelo ego.

Conceder-se o dormir supõe poder renunciar por um período ao ocupar-se conscientemente da vigilância que antecipa possíveis perigos. Deve ser possível colocar em suspensão as preocupações relativas à vida cotidiana, à gestão da dimensão mundana do existir e permitir-se simplesmente... entregar-se aos braços de Morfeu. Sim, dormir — algo que se dá sob o inquietante silêncio das estrelas — pressupõe capacidade de entrega e de confiança. De fé em que a experiência será boa e repousante e que, ao seu término, retornar-se-á aos negócios do mundo, aos bens e males de cada dia. Quantas insônias não se dão justamente pela impossibilidade desse ato de entrega, de confiança e fé que dormir supõe? Amor e fé em alguém? Nada é menos certo. Trata-se, antes, de poder tolerar — e, quem sabe, admirar e amar — o silêncio, a escuridão, a solidão noturna e seus mistérios. Por que estes seriam em si mesmos dimensões perigosas? Como aceitar que eles simplesmente "são" as coordenadas em que se dá singelamente o existir? Eles precisaram, durante um tempo, para serem toleráveis e, assim, subjetiváveis, da intervenção concreta, presença corporal e viva do Outro benfazejo, mas que um dia pode ser dispensado, revelando-se como meros véus e engodos que ocultavam... nada.

Sim, talvez o desfrutar do sono seja essa singela experiência amorosa, narcisista ao extremo, mas que se dá sempre sobre um fundo de alteridade... inumana. Ou, pelo menos, desabitada, vazia. Dormir em paz supõe a capacidade de fazer da experiência amorosa do sono o dom sublime, poético, de que falava o imortal poema de Celan: uma rosa do Nada, rosa de Ninguém. Dormir em paz: o poema concreto por excelência? A mais sublime rosa para Ninguém?

> Ninguém nos moldará de novo em terra e barro,
> ninguém animará pela palavra o nosso pó.
> Ninguém.
>
> Louvado sejas, Ninguém.
> Por amor de ti queremos
> florir.
>
> Em direção a ti.
> Um Nada
> fomos, somos, continuaremos
> a ser, florescendo:
> a rosa do Nada, a
> de Ninguém.
>
> Com o estilete claro-de-alma,
> o estame ermo-de-céu,
> a corola vermelha
> da purpúrea palavra que cantamos
> sobre, oh sobre
> o espinho.[49]

---

[49] CELAN, P. Salmo. In: *Um ramo de rosas: colhido por José da Cruz Santos na poesia portuguesa e estrangeira*. Tradução de Yvette Centeno e João Barrento. Porto: Modo de ler, 2010, p. 40.

"*Boa noite*, amado príncipe"

Notas psicanalíticas sobre a insônia, o repouso e a morte na tragédia de Hamlet[1]

> "Nós somos esta matéria de que se fabricam os sonhos, e nossas vidas pequenas têm por acabamento o sono."
>
> A *tempestade*, ato IV, cena I

Estranhamente, o sono é um tema esquecido pela psicanálise. Para ficarmos intrigados com tal omissão, basta lembrar sua relação intrínseca com a doutrina freudiana dos sonhos ou o fato clínico cotidiano de que a insônia é uma das formas de mal-estar subjetivo mais ubíquas, participando de maneira crucial do sofrimento que precipita no sujeito a decisão de buscar alguma forma de ajuda.

---

[1] Este capítulo é uma versão revista e ampliada do artigo "Boa noite, amado príncipe. Ou notas psicanalíticas sobre a insônia, o repouso e a morte na tragédia de Hamlet", publicado na *Psychê*, ano VI, número 10, 2002, p. 19-38.

Separados da subjetividade em que se inscrevem, o sono e suas perturbações tendem a ser tratados em nossa cultura como meros problemas técnicos de saúde. Nessa perspectiva, são as dimensões propriamente humanas, subjetivas, simbólicas, eróticas e gozosas do repouso e do dormir que ficam eclipsadas, ao mesmo tempo em que a insônia é esvaziada de seu potencial de interrogar radicalmente o sujeito quanto ao retorno noturno de suas memórias perturbadoras, frequentemente traumáticas, e quanto à sua sintonia existencial com seu próprio desejo.

Dito em outros termos, no momento em que, no silêncio da noite, o sujeito não consegue mais encontrar seu repouso, essa perturbação pode ser vivida tanto como desagradável incômodo a ser saneado com o sonífero adequado quanto como um momento crucial de possibilidade de desvelamento do sujeito a si mesmo, em que seu desejo e suas memórias traumáticas reclamam — por meio da inquietação do sono — seus direitos à expressão e ao reconhecimento. A significação subjetiva da insônia dependerá, portanto, em muito, da maneira pela qual o sujeito e sua queixa forem acolhidos no contexto clínico. Mas igualmente, é claro, das formas pelas quais a insônia é falada, descrita e significada no discurso social de seu tempo.

Para tratar da perda de conciliação com o próprio desejo, tão central na perspectiva psicanalítica da insônia, buscaremos apoio na tragédia de Hamlet, o infeliz príncipe da Dinamarca que, no auge de sua miséria, só buscava "morrer, dormir; dormir, talvez sonhar"[2].

Noite, medo e verdade

Que a noite possa constituir uma espécie de *hora da verdade* para o sujeito, uma série de referências da cultura ocidental o confirma.

---

[2] SHAKESPEARE, W. *A tragédia de Hamlet, príncipe da Dinamarca*. Tradução, introdução e notas de Lawrence Flores. Ensaio de T. S. Eliot. São Paulo: Companhia das Letras, 2015, p. 111.

Podemos evocar, por exemplo, a tenebrosa noite vivida pelo Cristo no Horto das Oliveiras, às vésperas de sua paixão, ou as contundentes palavras de Hamlet no monólogo em que compara o sono à morte. Neste terceiro ato da peça, provavelmente o mais célebre da história do teatro, o atormentado príncipe pondera que só a incerteza quanto aos sonhos que nos reserva o sono da morte é que nos faz preferir continuarmos vivos ("assim a consciência faz todos nós covardes"[3]). Aqui, mais uma vez, sono, sonho e morte são apresentados como fazendo parte de uma mesma série simbólica e existencial. A tragédia shakespeariana acrescentará a essa sequência ainda outros elementos fundamentais: o sexo e o repouso que se segue; o silêncio...

É à noite, a sós com o próprio travesseiro, que — segundo o pensamento popular — o sujeito se confronta com sua consciência e com o sentido mais íntimo de seus pensamentos e atos do dia. É apenas aos justos, supõe-se, que o sono tranquilo estaria reservado. A pureza infantil, o colo materno, o acalanto tranquilizador, os fantasmas e os monstros, o misterioso silêncio, o medo do escuro, os sortilégios e feitiçarias, os encantamentos lunares, os romances furtivos, todas essas figuras tão familiares de nossa cultura constituem igualmente algumas imagens que habitam o universo noturno no qual representamos o ambiente em que se dá o dormir.

Nesse campo pleno de carga simbólica e de significações atávicas perdidas na noite dos tempos, mergulhamos em ciclos diários para um encontro íntimo com o mais profundo de nós mesmos, de uma forma misteriosa que apenas vagamente a linguagem e a ciência conseguem determinar. A natureza e o significado psíquico desse encontro constituem uma das grandes interrogações da psicanálise, interpelando a teoria freudiana desde seus primórdios.

---

[3]*Ibid.*, p. 112.

Alguns elementos da teoria freudiana sobre o sono

Em "A interpretação dos sonhos", Freud confere ao sono um estatuto ambivalente. Por um lado, o sono é o elemento articulador de toda a teoria dos sonhos; ele é visto a partir de seu papel fisiológico, sendo a função do sonho justamente a de impedir que o despertar aconteça antes de que o repouso tenha exercido toda sua tarefa reparadora. O sonho é assim concebido como tendo a função de "guardião do sono", recorrendo aos recursos de uma retórica que lhe é muito específica para aplacar o caráter perturbador dos desejos insatisfeitos, representando-os como já realizados, embora irreconhecíveis como tais. Desse modo, o sonho buscaria proteger e prolongar o sono, preservando sua continuidade e sua qualidade repousante e prazerosa. Para ilustrar a função da atividade onírica na preservação do adormecimento, Freud recorre à imortal frase de Julieta, que tenta prolongar a permanência de seu amado no leito de sua paixão proibida, apesar do amanhecer que já se anuncia no canto de uma ave: "Já vais partir? O dia ainda está longe. Não foi a cotovia, mas apenas o rouxinol que o fundo amedrontado do ouvido te feriu [...]"[4]. O sonho impediria, assim, que o acúmulo de excitações provenientes dos desejos insatisfeitos, que encontram manifestação por meio do investimento dos restos diurnos, terminasse por perturbar o sono. Através da realização deformada pela censura dos desejos que emergem no campo do sono, o sonhar permitiria a continuidade do dormir. Trata-se, portanto, em "A interpretação dos sonhos", de dar ao sono um papel central, mas também de praticamente reduzi-lo à sua dimensão fisiológica e funcional.

---

[4] SHAKESPEARE, W. Romeu e Julieta. In: *Teatro completo: tragédias*. Tradução de Carlos Alberto Nunes. Rio de Janeiro: Ediouro, sem data de publicação, p. 47.

Tal fato não impede, contudo, sempre segundo a teoria freudiana, que o sono seja investido libidinalmente e que obtenha, dessa forma, significação afetiva e inscrição subjetiva. Tendo essa preocupação em vista, em 1917, no artigo intitulado "Suplemento metapsicológico à teoria dos sonhos", Freud apresenta uma concepção do dormir bem mais complexa do ponto de vista libidinal. Segundo ela, o sono constitui uma regressão de natureza erótica à vida intrauterina. Retomemos, mais em detalhes, uma passagem comentada no capítulo anterior que trata justamente do caráter regressivo do sono e das formas de satisfação que lhe são próprias:

> Somaticamente, o sono é uma reativação da existência intrauterina, na medida em que atende às condições de repouso, calor e exclusão do estímulo; na realidade, durante o sono muitas pessoas retornam à posição fetal. O estado psíquico de uma pessoa adormecida se caracteriza por uma retirada quase completa do mundo circundante e de uma cessação de todo interesse por ele.[5]

Coloca-se, assim, a dimensão regressiva do adormecer e do sono propriamente dito, sendo que o polo de "fixação" dessa regressão erótica estaria na vida intrauterina, na pré-história do sujeito. Essa temática seria amplamente desenvolvida por Ferenczi alguns anos mais tarde, no ensaio *Thalassa*[6].

No contexto de sua revisão da teoria dos sonhos, Freud fala de uma regressão do desenvolvimento da libido durante o estado de sono que vai até a instauração do "narcisismo primitivo" ou

---

[5]FREUD, S. (1917 [1915]) Suplemento metapsicológico à teoria dos sonhos. In: *Edição standard brasileira das obras psicológicas completas de Sigmund Freud. A história do movimento psicanalítico, artigos sobre a metapsicologia e outros trabalhos (1914-1916)*. Direção de tradução de Jayme Salomão. Rio de Janeiro: Imago, 1996, p. 229.
[6]FERENCZI, S. *Thalassa: ensaio sobre a teoria da genitalidade*. São Paulo: Martins Fontes, 1990.

"primário". Foi praticamente apenas nessa descrição dos processos libidinais implicados no dormir que a noção freudiana de narcisismo primário receberia um desenvolvimento teórico mais amplo da parte de seu criador. Freud chama ali a atenção para o fato de que o processo do adormecer se dá progressivamente no tempo, implicando um abandono paulatino das aquisições psíquicas da vida de vigília. O sujeito se desliga aos poucos do mundo exterior, da vida consciente, das aquisições e dos processos psíquicos comandados pelo Eu. Ocorre uma gradual entrega sem reservas a um encontro profundo com os investimentos narcísicos mais fundamentais. Penetra-se em um campo onde o Eu dos investimentos narcísicos especulares não é evidentemente mais senhor em sua própria casa. Avança-se em um terreno desconhecido para o ego, com frequência comparado à morte e que Hamlet chama de "terra ignota"[7].

Adentrar os domínios do narcisismo primitivo não é uma experiência fácil, nem autoevidente, como o caráter natural do sono deixaria supor. Trata-se de uma vivência de desamparo do Eu, que concorda com se separar temporariamente de seus investimentos mundanos para se entregar de forma confiante a um mergulho revigorante em seus recônditos narcísicos mais inacessíveis e sem imagens.

Essa situação é essencialmente diferente daquela implicada nos pesadelos e sonhos de angústia, tão bem estudados por Freud e por Ernest Jones. Em "A interpretação dos sonhos", o primeiro resolve de forma direta a aparente contradição entre o sentimento penoso experimentado nos pesadelos e a teoria de que os sonhos

---

[7] "Quem suportaria fardos, gemendo e suando numa vida de fadigas, senão porque o terror ante algo após a morte, a terra ignota de cujos confins nenhum viajante retornou, nos congela a vontade e nos força a aguentar os males que já temos em vez de ir pra outros que desconhecemos." In: SHAKESPEARE, W. *A tragédia de Hamlet, príncipe da Dinamarca*. Tradução, introdução e notas de Lawrence Flores. Ensaio de T. S. Eliot. São Paulo: Companhia das Letras, 2015, p. 112.

são realizações de desejos disfarçadas: "[os pesadelos] são sonhos com um conteúdo sexual cuja respectiva libido se transformou em angústia"[8]. Dessa forma, a angústia dos pesadelos estaria apenas "soldada" (*angelötet*) às representações que a acompanham, não sendo, pois, diretamente explicável pelo conteúdo do sonho em si. Jones, por sua vez, concebe os pesadelos sobretudo como representações oníricas de caráter terrificante, fortemente relacionadas com os mitos, com as superstições e com as produções da cultura em geral. Daí seu interesse por temas como os íncubos, os súcubos, os vampiros, o lobisomem, o diabo e as feiticeiras[9]. Nesse contexto, as imagens e representações assumem o caráter de máxima autoevidência, assustando por sua "presença" excessivamente concreta. No terror noturno, ao contrário, é a própria experiência de abandono ao real dos investimentos narcísicos corporais que se desnatura em uma angústia desesperada e sem representações.

Vemos, assim, que dormir comporta uma dupla dimensão, pois é algo revigorante de que se pode tanto desfrutar eroticamente quanto conduzir à vivência insuportável de uma angústia sem nome e sem imagem.

Um outro aspecto relevante desse artigo de Freud se refere à descrição que nele é feita dos mecanismos relacionados à insônia. Segundo a teoria ali exposta, durante o sono ocorreria uma diminuição da censura situada entre os sistemas Ics e Pcs. Em função disso, uma parte do Inconsciente não atenderia o desejo de dormir, mantendo os investimentos em seus conteúdos interditados. Assim, quanto maior o investimento do Inconsciente, maior a invasão do

---

[8]FREUD, S. (1900) A interpretação dos sonhos. In: *Edição standard brasileira das obras psicológicas completas de Sigmund Freud. A interpretação dos sonhos (I) (1900)*. Direção de tradução de Jayme Salomão. Rio de Janeiro: Imago, 1996, p. 194.
[9]JONES, E. *Hamlet et Œdipe*. Paris: Gallimard, 1967.

sono por elementos carregados de desejos insatisfeitos. A insônia consistiria, pois, em um processo de renúncia ao sono por se temer os sonhos que poderiam nele ser engendrados. Instaura-se, então, uma situação claramente psicopatológica, na qual o sujeito evita esse profundo contato consigo mesmo proporcionado pelo sonho, por meio da renúncia à restauração narcísica que o sono deveria produzir.

Isso nos conduz à nossa segunda observação: o sono possui uma indeterminação tamanha de seus possíveis desdobramentos que exige do sujeito uma entrega confiante e amorosa para que este possa se lançar a tal aventura. O caráter de suspense ameaçador implicado na indefinição dos possíveis da experiência do sono aparece brilhantemente articulado no monólogo de Hamlet acima mencionado, em que o protagonista aproxima a morte do dormir: "Morrer, dormir; dormir, talvez sonhar [...]"[10].

Aqui, coloca-se com toda a contundência a questão do medo da escuridão, amplamente tratado por Freud. Em sua conferência sobre a angústia, de 1917, ele considera que as primeiras angústias ligadas ao escuro surgem nos momentos de separação entre a mãe e a criança. Esta, arrebatada por sua ânsia não satisfeita de encontrar o objeto de seu amor e fonte de sua segurança, desespera-se pelo acréscimo de sua expectativa plena de desejo. Surge, assim, um aspecto paradoxal no processo do adormecer: o bebê solicita a tranquilidade, a serenidade e a paz do ambiente noturno. Mas a noite — metáfora desse ambiente de acolhimento — traz consigo a solidão, a incerteza e o abandono desamparado aos fantasmas do possível.

O silêncio, a tranquilidade e a sensação de aconchego assegurados pela mãe permitem, pela vivência de continuidade que proporcionam, esse profundo reencontro consigo mesmo que é o

---

[10] SHAKESPEARE, W. *A tragédia de Hamlet, príncipe da Dinamarca*. Tradução, introdução e notas de Lawrence Flores. Ensaio de T. S. Eliot. São Paulo: Companhia das Letras, 2015, p. 111.

sono. O investimento amoroso da condição natural do adormecer e do dormir talvez esteja na base dessa noção fundamental introduzida por Freud em "A interpretação dos sonhos", mas não suficientemente desenvolvida, que é a do desejo de dormir (*Wunsch zu schlafen*)[11]. Retomada a partir dessas considerações sobre o caráter libidinal e terrorífico do sono e do adormecer, tal noção talvez possa ser retirada do contexto exclusivamente fisiológico e pré-consciente no qual nos acostumamos a situá-la e servir de pista fecunda para uma problematização propriamente metapsicológica do sono.

Poderíamos, assim, avançar na hipótese de que o dormir depende, entre outros fatores, da possibilidade de entrega serena, erotizada e confiante a algo da ordem de um repouso, que nada mais é do que um pousar novamente em si mesmo, um reinstalar-se no real do próprio corpo e dos investimentos narcísicos fundamentais que o organizam. Nesse processo, os sonhos colocam em cena nossos desejos mais ardentes e mais secretos, propiciando um contato íntimo com o mais íntimo em nós e, eventualmente, alguma forma de subjetivação desses elementos. Como sugere Winnicott[12], todo esse processo passa inicialmente pela presença concreta de uma mãe devotada que vela pela paz do recolhimento do filho[13]. Em condições favoráveis, a função materna do ambiente permitiria ao bebê uma vivência de estabilidade do mundo e de continuidade harmônica da experiência de ser, sem que ele necessite, naquele momento,

---

[11] FREUD, S. (1900) A interpretação dos sonhos. In: *Edição standard brasileira das obras psicológicas completas de Sigmund Freud. A interpretação dos sonhos (I) (1900)*. Direção de tradução de Jayme Salomão. Rio de Janeiro: Imago, 1996, p. 262.
[12] WINNICOTT, D. (1963) Da dependência à independência no desenvolvimento do indivíduo. In: WINNICOTT, D. *O ambiente e os processos de maturação: estudos sobre a teoria do desenvolvimento emocional*. Tradução de Irineo Constantino Schuch Ortiz. Porto Alegre: Artmed, 1983.
[13] Sobre o papel da mãe e de seu acalanto, consulte JORGE A. C. L. *O acalanto e o horror*. São Paulo: Escuta, 1988.

sequer colocar a questão de se haveria alguém — um outro — sustentando secretamente, em seu benefício, aquele momento de paz. Tudo se resume à fruição da experiência de tranquilidade e abandono ao repouso. Com efeito, o par sono-sonho funciona como uma paraexcitação que protege um certo capital narcísico do sujeito, à condição de que, no início, a mãe realize concretamente a função de guardiã do sono[14]. Ao mesmo tempo, é fundamentalmente dela que dependerá o processo decisivo de libidinização do sono, fazendo-o passar de mera necessidade fisiológica ao estatuto de experiência libidinal revitalizante.

Pouco a pouco, a criança vai descobrindo que seu repouso depende da proteção ativa de um outro benfazejo, alguém de cuja existência concreta e independente ele jamais suspeitara. Cada vez mais vai se tornando claro o caráter contingente da proteção assegurada até ali pelo outro, colocando-se à criança a necessidade urgente de suportar a não mãe, de conseguir dormir, ainda que não disponha de fiadores concretos de seu repouso. Ou seja, trata-se de subjetivar a dimensão de ausência de garantias, sem que isso implique necessariamente o mergulho em um desamparo desesperado. Quantas insônias não decorrem justamente da incapacidade de uma subjetivação tolerável desse horizonte de ausência, sobre o qual o outro — aparentemente eterno e bom — fora constituído?

É a partir dessas reflexões que recorreremos a seguir, de forma mais sistemática, a *Hamlet*, de Shakespeare. Utilizando a peça como suporte heurístico para tratarmos de certas questões psicanalíticas dizendo respeito ao sono, ao repouso e à morte, teremos como eixo condutor de nosso percurso a seguinte pergunta: o que faz com que, diante do indeterminado do sono e da morte, certos indivíduos recuem apavorados, sem poder usufruir nem do repouso nem da vigília?

---

[14]Cf. GANHITO, N. *Distúrbios do sono*. São Paulo: Casa do Psicólogo, 2001.

"Boa noite, amado príncipe"[15]

"Boa noite, amado príncipe". Assim pronunciada, sem que se explicite o contexto de sua enunciação, essa frase poderia evocar a imagem de uma mãe carinhosa despedindo-se do filho amado na hora do recolhimento ao sono. Ela sugere paz, reasseguramento e calorosa afetividade. Mesmo o tratamento majestoso da fórmula empregada soa-nos familiar, desde que Freud nos ensinou a perceber o quinhão de narcisismo presente em todo o investimento que os pais devotam a seus bebês: Sua Majestade o Bebê[16].

Aqui, contudo, os significantes são enganadores, pois foram retirados do último ato de *Hamlet*, em que Horácio — junto ao corpo já sem vida do príncipe da Dinamarca — chora a morte trágica do amigo. E completa seu pranto com um suspiro contendo a doçura de um acalanto: "Que, voando, os anjos cantem para teu descanso"[17].

Tratava-se, sem dúvida, da reconciliação com o repouso de uma alma atormentada, que há muito perdera a paz. Pouco antes de expirar, Hamlet, moribundo, pronunciou a frase inesquecível: "O resto é só silêncio"[18]. Esta ganha toda sua dimensão quando temos em mente que, na magnífica semântica do bardo de Stratford, a frase *The rest is silence* também pode ser escutada como: "O repouso é silêncio". A paz da morte, tão ansiada e tão temida por Hamlet, apresenta-se a ele — e ao público — sob a misteriosa forma de

---

[15]SHAKESPEARE, W. *A tragédia de Hamlet, príncipe da Dinamarca*. Tradução, introdução e notas de Lawrence Flores. Ensaio de T. S. Eliot. São Paulo: Companhia das Letras, 2015, p. 193, tradução modificada.
[16]FREUD, S. (1914) Sobre o narcisismo: uma introdução. In: *Edição standard brasileira das obras psicológicas completas de Sigmund Freud. A história do movimento psicanalítico, artigos sobre metapsicologia e outros trabalhos (1914-1916)*. Direção de tradução de Jayme Salomão. Rio de Janeiro: Imago, 1996, p. 98.
[17]SHAKESPEARE, W. *A tragédia de Hamlet, príncipe da Dinamarca*. Tradução, introdução e notas de Lawrence Flores. Ensaio de T. S. Eliot. São Paulo: Companhia das Letras, 2015, p. 193.
[18]*Ibid.*

silêncio. Nesse sentido, o final da peça coloca um irônico paradoxo: o conquistador Fortimbrás ordena uma salva de artilharia exatamente no instante em que o príncipe se reencontra com o silêncio íntimo que perdera.

Com efeito, *Hamlet* é uma peça noturna, em que personagens insones e atormentados não conseguem encontrar, nem mesmo na morte, o repouso de um sono bom. É na noite e no desassossego que a peça inicia. Sentinelas angustiados procuram compreender a impressionante aparição do fantasma do rei morto, dando-se a ver na madrugada, sempre "nesta hora morta"[19].

"Quem vem lá?"[20], assim começa a peça. Questão urgente e desesperada que mais de uma criança desperta na escuridão da noite colocou-se ao ouvir um ruído desconhecido. Todo o possível, por mais inacreditável que fosse, poderia subitamente aí se desvelar. Só que, dessa vez, na cena shakespeareana, eram os soldados — adultos e varões — que tremiam diante da indeterminação do escuro da noite.

Sem encontrar repouso na morte, à noite, o espectro do rei retorna, assombrando as rondas dos soldados de Elsinore. Mesmo antes de suas aparições, pairava uma atmosfera de apreensão sobre o reino da Dinamarca. O rei Hamlet, em combate contra Fortimbrás, soberano da Noruega, arrebatara as terras e a vida deste, segundo um "pacto selado, sancionado por lei e por usos da heráldica"[21]. Temia-se agora que seu sobrinho, o príncipe Fortimbrás da Noruega, mobilizasse seus exércitos a fim de recuperar "com a força do braço, de forma compulsória"[22] as mesmas terras perdidas por seu soberano.

---

[19]*Ibid.*, p 53.
[20]*Ibid.*, p. 51. Na tradução de Carlos Alberto Nunes, "Quem está aí?". In: SHAKESPEARE, W. *Teatro completo: tragédias*. São Paulo: Ediouro, sem data de publicação, p. 546.
[21]*Ibid.*, p. 54.
[22]*Ibid.*

Assim, as antigas querelas dos reis mortos pairam como sombra para a tragédia em marcha.

Da parte do príncipe Hamlet, tudo era dor, perda e revolta secreta. Seu semblante traduzia "nuvens"[23] perceptíveis até mesmo aos olhos de Cláudio, seu tio e novo rei após desposar a viúva Gertrudes. Sentia que seu próprio coração estava prestes a estourar, tamanha sua revolta com o "leito incestuoso"[24] ao qual se entregara sua mãe menos de dois meses transcorridos da morte do marido: "Pechincha, Horácio. A carne assada do velório foi servida já fria nas mesas nupciais. Teria preferido encontrar lá no céu meu pior inimigo, que ter visto este dia"[25].

Ao saber por Horácio das aparições noturnas do vulto do rei morto, Hamlet propõe-se imediatamente a também ficar de guarda naquela noite, "talvez surja de novo"[26]. E antecipando as revelações que esse encontro aportaria, exclama: "Ações vis surgirão, inda que o chão as cubra pra humana visão"[27]. Com efeito, aquela noite não traria repouso ou sonhos. Ela apenas reuniria aflitos e suas aflições, fantasmas e conflitos abertos, do presente e do passado, exigindo atos de vingança como forma de apaziguamento e de resolução. Até lá, não haverá repouso.

O encontro dos dois insones se dá após a meia-noite, em um ambiente de ar "gelado, de fazer arrepiar"[28]. O fantasma faz suas revelações de forma solene. O que está em jogo não é apenas dar a conhecer ao príncipe a infâmia de um assassinato "adúltero, incestuoso"[29]. Não se tratava apenas de denunciar a volúpia da rainha,

---

[23]*Ibid.*, p. 60.
[24]*Ibid.*, p. 63.
[25]*Ibid.*
[26]*Ibid.*, p. 65.
[27]*Ibid.*, p. 66.
[28]*Ibid.*, p. 72.
[29]*Ibid.*, p. 77.

que se deixara corromper pela corte de "um baixo"[30]. O que está em jogo é a injunção do pai ultrajado, no sentido de que o filho realize o ato de justiça e de vingança, não tolerando "que o régio leito dinamarquês seja um divã funesto de luxúria e incesto"[31]. E, antes de partir, o fantasma ratifica a gravidade de seu mandamento: "E lembra-te de mim"[32], exclama. Ao que o príncipe responde com o engajamento de sua própria honra, fazendo suas as palavras do pai: "Agora, a minha senha. É 'Adeus, adeus, adeus, lembra-te de mim'. Está jurado"[33]. No momento da separação, o juramento que engaja pai e filho é o de que este não esquecerá o mandamento de vingança daquele.

Não de menor importância é a forma pela qual perpetrou-se o assassinato: o rei dormia despreocupadamente no jardim, desfrutando, como de hábito, de sua sesta cotidiana. O veneno fora-lhe colocado no ouvido de forma traiçoeira, pegando-o dormindo, desamparado, sem qualquer possibilidade de defesa. A confiança com que se entregara ao repouso teve como retribuição a mais criminosa perfídia: a morte lhe fora imposta sem deixar ao soberano o tempo de qualquer preparo espiritual, "em plena brotação de meus pecados, sem sacramento, sem unção, sem confissão, sem nem ter feito as contas, repleto de débitos, com meus defeitos todos pesando na alma"[34]. Mais do que à morte, o rei foi condenado à danação eterna. Aqui, o sono distraído foi-lhe fatal. Pecara o rei sem, contudo, preocupar-se com se resgatar de seus crimes antes da entrega a um repouso indefeso. Nesse momento, ele é atingido pela perfídia, que o entrega à morte sem a caridade da confissão e do arrependimento.

[30]*Ibid.*
[31]*Ibid.*, p. 78.
[32]*Ibid.*, p. 79.
[33]*Ibid.*
[34]*Ibid.*, p. 78.

Shakespeare traça aqui um quadro particularmente cético e inquietante. O sono é apresentado como estado de fragilidade e desamparo do sujeito, no qual mesmo os reis dependem da benevolência do ambiente e dos outros para poderem repousar em paz e sem riscos. Em uma condição tão desprotegida, a confiança cega no próximo, a entrega ingênua e irrefletida e a arrogância de se julgar intocável aparecem como riscos mortais. O assassinato do rei durante sua sesta, em plena tranquilidade dos jardins do palácio, funciona como alerta contra as ilusões infantis mais arraigadas em nós. Com um único fragmento de cena, Shakespeare destitui a ilusão dos primeiros tempos da existência, em que o eu era tido como imortal e os outros, nos casos favoráveis, como simplesmente bons e confiáveis: mesmo a confiança básica mais solidamente fundada não tem qualquer garantia eterna.

Na sequência da cena, logo após as despedidas, o fantasma ainda dá provas da ubiquidade de sua presença, vigiando sem ser visto os atos de todos, os atos de Hamlet. Logo após a partida do espectro, o príncipe exorta seus companheiros de vigília a jurarem sobre sua espada que nunca falariam sobre os fatos prodigiosos que acabaram de testemunhar. Diante da hesitação do grupo, ouve-se a voz do fantasma bradando debaixo da terra: "Jurem!", ao que exclama o príncipe: *"Hic et ubique?"*[35]. Explicita-se, assim, que será sob o olhar vigilante do pai que Hamlet realizará — ou deixará de realizar — a vingança reclamada. A personificação de uma instância onipresente de vigilância, que vela para que a vontade paterna seja cumprida, encontra-se aqui totalmente concretizada. A honra, o dever filial, a vigilância onipresente e a fantasmagoria aterradora emolduram, doravante, a existência do príncipe.

---

[35]*Ibid.*, p. 81.

Ao fundo, permanecem a lembrança e o eco daquela voz que recorda o tempo todo a presença do pai: "E lembra-te de mim". Talvez não seja à toa que, ao final da peça, Hamlet, após a morte do tio usurpador e da mãe lasciva, entregue-se ele próprio à morte, pronunciando uma última sentença, em que aproxima o repouso e o resto ao silêncio...

O segundo ato da peça é dominado pela perturbação de Hamlet diante da terrível revelação feita pelo fantasma. O casal real, por sua vez, esforça-se para compreender e remediar o sofrimento do príncipe. Estará ele louco, como sustenta Polônio, ainda que seja uma loucura de amor misturada à dor do luto? Sua tese é simples: Hamlet está transtornado por não ver correspondido seu amor por Ofélia. "E ele, repelido — pra ser curto na história —, entregou-se à tristeza e, depois, ao jejum, e passando noites desperto, enfraqueceu, debilitando a mente. E assim, nesse declive, caiu nessa loucura onde agora delira e que todos lastimamos"[36]. O esvaziamento de sentido e de brilho da vida é patente no jovem príncipe. Para ele, "essa bela estrutura, a terra, me parece um estéril promontório", assim como, a seus olhos, o Homem não passa da "quintessência do pó"[37].

Sua vontade encontra-se profundamente abalada, faltando-lhe a força e a energia necessárias para a realização de sua tarefa: "Mas eu, patife frouxo e moleirão, vou definhando feito um zé-sonhador, apático à minha causa, e não sei dizer nada — não, nem por um rei, cuja pessoa e vida estimada sofreram a ruína maldita. Será que sou covarde? Quem diz que sou um patife [...]?". E, mais adiante, continua: "Eu sou o próprio asno! Não é estranho, esplêndido que eu, filho de um querido pai assassinado, propelido à vingança pelos céus

---
[36]*Ibid.*, p. 93.
[37]*Ibid.*, p. 97-98.

e os infernos fique como puta airando a alma com frases e rogando praga feito uma bisca vadia, feito lavadeira!"[38]. Coloca-se, assim, um dos grandes enigmas da peça, que reteve com especial ênfase o interesse de Freud: de onde viria tal hesitação em cumprir seu desígnio, determinado por um Pai ultrajado, morto e que retorna dos infernos exigindo vingança?

É a existência como um todo que parece se esvaziar de interesse. Faltam-lhe as forças para cumprir seu juramento, falta-lhe a energia para passar ao ato. O suicídio surge a seus olhos como uma saída a ser desejada. Mas, ainda aqui, a hesitação toma-lhe o espírito. É nesse contexto que Hamlet pronuncia o mais famoso monólogo da história do teatro:

> Ser ou não ser: eis a questão: saber se é mais nobre na mente suportar as pedradas e flechadas da fortuna atroz ou tomar armas contra as vagas de aflições e, ao afrontá-las, dar-lhes fim. Morrer, dormir. Só isso. E dizer que com o sono damos fim à nossa angústia e aos mil assaltos naturais que a carne herdou: sim, eis uma consumação que cumpre ardentemente ansiar. Morrer, dormir; dormir, talvez sonhar — sim, aí está o entrave: pois no sono da morte os sonhos que virão, depois de repudiado o vórtice mortal, nos forçam a refletir [...][39]

A ideia de que o suicídio seja uma solução concreta a ser considerada diante dos impasses e sofrimentos da existência é recorrente na obra de Shakespeare. Pode-se mencionar, por exemplo, o brado ao mesmo tempo desalentado e orgulhoso de Cassius, em *Júlio César*, peça escrita em 1599-1600, pouco antes de *Hamlet*:

---

[38] *Ibid.*, p. 106.
[39] *Ibid.*, p. 111.

"Então já sei como hei de usar a adaga. Cássio há de libertar o próprio Cássio da escravidão. [...] A vida, quando lassa dos entraves deste mundo, recursos não lhe faltam de pôr termo a si própria. Se sei isso, sabe o resto do mundo que a parcela de tirania sob a qual eu gemo, poderei arrojá-la para longe no instante em que o quiser"[40]. Ao que lhe responde Casca: "Como eu, também. Assim, o escravo tem nas mãos os meios de cancelar o próprio cativeiro"[41]. Em *Hamlet*, já na primeira cena em que aparece o protagonista, Shakespeare o faz exclamar, desolado com os horrores a que assiste: "Ou se o Ser-imortal não tivesse fixado o cânon contra o suicídio"[42]. Aqui, o que impede o gesto liberador é a interdição divina. Tudo se passa de forma diversa no monólogo precedentemente mencionado. Hamlet expressa nesse solilóquio um amargurado desalento pela vida. Em si mesma, ela não tem qualquer valor, não apresenta qualquer atrativo. A decisão entre ser ou não ser não leva em conta nada de prazeroso ou de desejável que a existência possa eventualmente comportar. Também não há mais consideração pelo mandamento religioso em si mesmo — teme-se apenas os sonhos potencialmente aterrorizantes que o sono da morte, terra desconhecida de cujo âmbito jamais ninguém voltou, possa trazer. A questão hamletiana coloca-se nos seguintes termos: o que impediria o indivíduo humano de encontrar libertação em face do "açoite e do esgar do mundo, da afronta do opressor e do insulto do soberbo, do baque do amor ferido, do lento da lei, da insolência do mando e deste bruto achincalhe que o mérito paciente recebe do inepto, se pudesse ele próprio quitar sua quietude com um reles

---

[40]SHAKESPEARE, W. Júlio César. In: *Teatro completo: tragédias*. Tradução de Carlos Alberto Nunes. Rio de Janeiro: Ediouro, sem data de publicação, p. 187.
[41]*Ibid.*
[42]SHAKESPEARE, W. *A tragédia de Hamlet, príncipe da Dinamarca*. Tradução, introdução e notas de Lawrence Flores. Ensaio de T. S. Eliot. São Paulo: Companhia das Letras, 2015, p. 62.

punhal"[43]. Sua resposta vem seca e inclemente: "Quem suportaria fardos, gemendo e suando numa vida de fadigas, senão porque o terror ante algo após a morte, a terra ignota de cujos confins nenhum viajante retornou, nos congela a vontade e nos força a aguentar os males que já temos em vez de ir para outros que desconhecemos". E conclui que "assim a consciência faz todos nós covardes"[44].

Note-se que o adormecer da morte e a consequente retirada para a terra desconhecida (*undiscovered country*) não implicam necessariamente a confrontação com o objeto mau, mas, sim, a possibilidade de encontro com algo da ordem de um "objeto mau", ou mesmo com algo da ordem do maligno, sem representação e sem imagem. A condição é de um suspense potencialmente paralisante — como no caso de Hamlet — que coloca o sujeito numa posição de desamparo face ao... possível, ao indeterminado. A possibilidade do terrível é inseparável da aventura de se arriscar nas terras desconhecidas desse narcisismo arcaico e corporal do sono. É, também, solidária do não saber de que sabe o Inconsciente e que intui os terríveis encontros que um mergulho desprevenido naquele país não descoberto pode eventualmente propiciar.

A aproximação entre o sono e a morte encontra forte referência mitológica, literária e clínica. O próprio Freud, ao sustentar a impossibilidade para o Inconsciente de representar as categorias negativas, tal como a morte, dá como exemplo a ineficácia dos estados de desfalecimento e de perda da consciência na tarefa de inscrever o não experimentado no Inconsciente.

Sob certo ponto de vista, Freud tem uma posição que interpela diretamente aquela de Hamlet no que concerne à não existência da

---

[43]*Ibid.*, p. 111, tradução modificada.
[44]*Ibid.*, p. 111-112.

categoria do negativo no Inconsciente. Diferentemente do príncipe da Dinamarca, o pai da psicanálise considera que os temores do desconhecido são moldados na forma dos temores conhecidos e que a confrontação com o *"undiscovered country"* da morte só pode se dar sobre as bases dos registros dos medos conhecidos. É bem verdade que, em "Reflexões sobre os tempos de guerra e morte", de 1915, Freud sustenta que existe uma única via para se obter alguma forma de apreensão subjetiva do negativo da morte: as experiências de perda e de separação dos objetos amados. E a perda do pai amado é o motor mesmo da peça em questão (como também, diga-se de passagem, é o caso de Freud em "A interpretação dos sonhos", em que revela que a elaboração da perda do pai foi um dos motores principais para a realização desse livro imortal[45]).

Contudo, em "Inibição, sintoma e angústia", de 1926, Freud defende a hipótese de que o elemento organizador de certas situações "perigosas" é a angústia de castração, moldada pelo Édipo. Nessa perspectiva, as terras desconhecidas do sono e da morte tornam-se o palco sobre o qual pode ser interpretada uma outra cena, conhecida do Inconsciente, mas desconhecida e apavorante para o Eu. O sonho que pode ser sonhado na terra desconhecida comporta o risco de se tornar, para o sonhador, o espelho excessivamente desvelador de seu próprio mundo subterrâneo e secreto. É nesse sentido que Freud, em "Suplemento metapsicológico à teoria dos sonhos", afirma que: "Quanto mais fortes forem as catexias instintuais do Ics., mais instável será o sono. Estamos familiarizados também com

---

[45] "[A elaboração desse livro] foi, como verifiquei, parte de minha própria autoanálise, minha reação à morte de meu pai — isto é, ao evento mais importante, à perda mais pungente da vida de um homem." FREUD, S. (1908) Prefácio à segunda edição de "A interpretação dos sonhos". In: *Edição standard brasileira das obras psicológicas completas de Sigmund Freud. A interpretação dos sonhos (I) (1900)*. Direção de tradução de Jayme Salomão. Rio de Janeiro: Imago, 1996, p. 32.

o caso extremo em que o ego desiste do desejo de dormir, porque se sente incapaz de inibir os impulsos reprimidos liberados durante o sono — em outras palavras, em que renuncia ao sono por temer seus sonhos"[46]. Note-se, portanto, a proximidade dessa proposição de Freud com a frase de Hamlet: "Quem suportaria fardos, gemendo e suando numa vida de fadigas, senão por terror ante algo após a morte?"[47].

Contudo, abordado apenas pelo vértice da representação e da representabilidade, o problema do medo da morte — e, por extensão, da noite e do sono — ficaria insuficientemente elucidado.

Em suas elaborações teóricas a respeito do narcisismo primário implicado no sono, Freud propõe que uma das operações psíquicas subjacentes ao adormecimento consiste justamente na absorção dos investimentos narcísicos nas imagens e aquisições do eu, em benefício do estabelecimento de um "narcisismo absoluto"[48]. Ou seja, é necessário que o sujeito tolere o abandono temporário de suas referências narcísicas cotidianas e a regressão a uma economia libidinal intrauterina. Nesse caso, condições de insônia podem ocorrer, desde que o indivíduo necessite de forma urgente do ancoramento em uma imagem fixa do eu para poder sobreviver psiquicamente.

---

[46]FREUD, S. (1917 [1915]) Suplemento metapsicológico à teoria dos sonhos. In: *Edição standard brasileira das obras psicológicas completas de Sigmund Freud. A história do movimento psicanalítico, artigos sobre a metapsicologia e outros trabalhos (1914-1916)*. Direção de tradução de Jayme Salomão. Rio de Janeiro: Imago, 1996, p. 232.
[47]SHAKESPEARE, W. *A tragédia de Hamlet, príncipe da Dinamarca*. Tradução, introdução e notas de Lawrence Flores. Ensaio de T. S. Eliot. São Paulo: Companhia das Letras, 2015, p. 111-112, tradução modificada
[48]"O desejo de dormir esforça-se por absorver todas as catexias transmitidas pelo ego e por estabelecer um narcisismo absoluto. Isso só pode ter um sucesso parcial, pois o que é reprimido no sistema Ics. não obedece ao desejo de dormir." In: FREUD, S. (1917 [1915]) Suplemento metapsicológico à teoria dos sonhos. In: *Edição standard brasileira das obras psicológicas completas de Sigmund Freud. A história do movimento psicanalítico, artigos sobre a metapsicologia e outros trabalhos (1914-1916)*. Direção de tradução de Jayme Salomão. Rio de Janeiro: Imago, 1996, p. 232.

Em um outro caso, o sujeito poderá ser incapaz de se deixar adormecer se as inscrições desse narcisismo primário forem excessivamente assustadoras, remetendo ao traumático e ao desamparo. Essa é a posição sustentada por Joyce Gonçalves Freire, que, em seu estudo sobre a dimensão melancólica de Hamlet, propõe que, "para além de sua dúvida de *ser ou não ser*, não lhe resta senão o *nada*, o vazio, o 'descarnado da morte'"[49]. Sob essa perspectiva, podemos nos perguntar que adormecer seria tolerável se a única promessa do sono é a do encontro com o Nada e com o absurdo?

As mortes e a própria morte

Apesar da dúvida instalada no espírito do príncipe, surge-lhe uma esperança de confirmar a veracidade das palavras do fantasma por meio de um estratagema que o teatro — "espelho do mundo" — poderia proporcionar. Trata-se da famosa "cena dentro da cena". Fazendo um grupo de artistas mambembes representar diante do casal real a peça "A ratoeira", na qual ele inseriu uma cena de assassinato tal como a descrita pelo fantasma de seu pai morto, Hamlet poderia julgar, pela reação de Cláudio, a realidade daquilo que a aparição denunciara. Com efeito, ao ver representada diante de seus olhos e diante de todo o público a infâmia que cometera e desejaria ocultar, Cláudio levanta-se subitamente, sai da sala e vai — solitário — recorrer ao perdão divino em uma prece, recolhido na capela. Pego na ratoeira da peça modificada por Hamlet, o rei usurpador revela, em sua perturbação, o crime que cometeu e que a cena denunciava.

---

[49] FREIRE, J. Hamlet, Œdipe de la modernité. In: *Cliniques méditerranéennes*, 2002/1, nº 65, p. 221-237. Disponível em https://www.cairn.info/revue-cliniques-mediterraneennes-2002-1-page-221.htm. Acessado em 26 de maio de 2021, às 15h05. Tradução nossa.

Por sua vez, a rainha, abalada pelos eventos desencadeados por meio da ação do príncipe, chama Hamlet com urgência para conversarem em seus aposentos. Esse encontro constitui um momento de verdade e de revelação. Ela acabara de assistir, na peça, às juras feitas pela rainha-atriz de que jamais se casaria novamente após a morte de seu esposo. Hamlet interrompe a apresentação para afirmar que, na peça, após o assassinato do rei, o usurpador arrebataria o coração da viúva — tal como Cláudio fizera com Gertrudes.

Não se deve perder de vista que a peça foi representada à noite, às escuras. Quando tudo veio ao claro, desconcertando o rei usurpador, a providência tomada *in extremis* para remediar o incômodo da situação foi a de interromper a apresentação e iluminar o ambiente. Com as luzes jogadas sobre o palco, buscava-se interromper o efeito revelador produzido pela peça encenada no escuro.

Antes de encontrar com a mãe, na reserva de seu leito, Hamlet experimenta toda a perturbação que os demônios de seu espírito manifestaram com a chegada da noite:

> A hora já chegou da maldição noturna quando abrem-se sepulcros e o ínfero exala miasmas pelo mundo. Eu poderia agora engolir sangue quente e engendrar o que o dia tremeria só de ver. Quieto. Vamos lá.[50]

A noite excitou os demônios mais profundos de Hamlet, que agora reclamam uma satisfação devassa.

A partir desse encontro, a peça progride em um encadeamento vertiginoso de assassinatos e mortes trágicas, culminando na morte do próprio herói. Já na cena da discussão no quarto de Gertrudes,

---

[50] SHAKESPEARE, W. *A tragédia de Hamlet, príncipe da Dinamarca*. Tradução, introdução e notas de Lawrence Flores. Ensaio de T. S. Eliot. São Paulo: Companhia das Letras, 2015, p. 129

Hamlet executa, em um impulso de cólera cega, o pai de Ofélia — Polônio —, que escutava a conversa do príncipe com sua mãe escondido atrás de uma tapeçaria. Pouco depois, o próprio rei morto precisará intervir junto a Hamlet, a fim de aplacar sua exaltação para com a rainha e relembrá-lo de sua tarefa vingadora.

A gratuidade das mortes que se sucedem vai de par com a falta de sentido que Hamlet atribuía à vida. A cena do cemitério, na qual o príncipe reencontra ao acaso a caveira de Yorick, o amado pajem de sua infância, mostra o escárnio — misturado à amarga melancolia — que tomou conta de seu espírito. Com o crânio de seu companheiro de folguedos infantis entre as mãos, Hamlet pergunta, sarcástico: "Yorick, e agora, onde estão tuas chacotas, tuas cambalhotas, tuas cantigas [...]?". E acrescenta: "Horácio, você acha que Alexandre também ficou com essa aparência embaixo da terra? E que fedia assim? Puh!"[51]. Reis e imperadores, pessoas amadas e também as desconhecidas, César, Alexandre, Yorick e o próprio rei, todos retornariam ao pó, tornando não apenas prosaicas, mas vãs, todas as formas de vaidade e de esperança.

Contudo, aqui coloca-se um paradoxo. Conciliado com sua condição última de pó, ele próprio — um príncipe — deveria então poder repousar sem a preocupação com o fato de que o sono exige daquele que deseja dormir o despojamento de todos os adereços narcísicos que sustentavam o Eu durante a vigília. Reis, príncipes, pessoas comuns e o próprio pó são feitos da mesma substância. Assim, tendo clara a dimensão ilusória das majestades humanas, essa consciência deveria permitir a humildade exigida pelo sono, que a

---

[51] FREUD, S. (1917 [1915]) Suplemento metapsicológico à teoria dos sonhos. In: *Edição standard brasileira das obras psicológicas completas de Sigmund Freud. A história do movimento psicanalítico, artigos sobre a metapsicologia e outros trabalhos (1914-1916)*. Direção de tradução de Jayme Salomão. Rio de Janeiro: Imago, 1996, p. 232, p. 177, tradução modificada.

todos acolhe nus, despidos das supostas glórias e mazelas do Eu. Mas Hamlet permanece ainda por um momento sem encontrar repouso.

À cena do cemitério encadeia-se justamente o enterro de Ofélia. Perturbada pelos insultos e desprezo insano recebidos da parte de Hamlet e transtornada pelo assassinato do pai pelas mãos daquele que outrora fora o seu amado, Ofélia enlouquece e termina por se suicidar. O encontro inesperado com a morte da jovem tem um efeito arrebatador em Hamlet. O príncipe lança-se sobre sua tumba e implora para ser enterrado junto com ela. Laertes, filho de Polônio e irmão de Ofélia, entra em luta física com Hamlet, acusando-o de profanar os ritos funerários da jovem. Nesse momento, o príncipe se reencontra com seu desejo — essa é a tese de Lacan em seu comentário sobre a peça no seminário *O desejo e sua interpretação* —, o qual se extraviou em sua entrega ilimitada como instrumento dos desejos de outros. Agora Hamlet pode afirmar claramente: "Eu amava Ofélia. Quarenta mil irmãos, com todo o seu amor, mas nunca atingiriam a minha soma"[52].

Assim, lançado de forma irremediável face à morte da amada, Hamlet teve de se confrontar com a terrível realidade de perda produzida pelo suicídio — recurso por ele outrora tão valorizado —, dados o vazio e o caráter insuportável da existência. Ofélia lançara-se ao sono da morte, enquanto Hamlet apenas o idealizava. Ela não lhe envia qualquer sinal dessa terra da qual ninguém um dia voltou e para a qual, em breve, Hamlet também se dirigiria. Diante do cadáver de sua amada, a morte não parecia mais reduzir-se apenas à placidez do sono comum, nem o suicídio a uma simples solução a se almejar. Hamlet confronta-se com as dimensões do desejo, da perda e da dor, das quais buscara desviar-se com seu niilismo cruel e

---

[52] SHAKESPEARE, W. *A tragédia de Hamlet, príncipe da Dinamarca*. Tradução, introdução e notas de Lawrence Flores. Ensaio de T. S. Eliot. São Paulo: Companhia das Letras, 2015, p. 179.

inclemente, mas capaz de aplacar as dores do mundo por esvaziá-las de significação subjetiva.

Assassinado por meio das perfídias introduzidas por seu tio Cláudio e por Laertes, em um combate cavalheiresco de espadas, Hamlet consegue ainda, antes de morrer, finalmente realizar a vingança com a qual se comprometera junto ao fantasma do pai.

E partiu ele próprio ao repouso silencioso do sono da morte na terra desconhecida. Sem, contudo, enviar-nos qualquer sinal do outro lado, que talvez agora ele próprio conheça, sem poder nos comunicar o que quer que seja daquele país. Talvez, "o resto é silêncio" exprima, antes de mais nada, a condição daqueles que ainda foram deixados do lado de cá e que, a cada vez que fecham os olhos à noite, lançam-se em uma aventura misteriosa, sem qualquer garantia, e que talvez seja a única metáfora verdadeiramente íntima e corporal da grande noite que virá.

Enquanto isso, tendo acompanhado a epopeia hamletiana de descoberta concreta — mas silenciosa — dos sonhos que nos aguardam no sono desconhecido da morte, resta ao público contemplar seu corpo sem vida no último ato e, em seguida, voltar para a casa intrigado com o mistério permanente do *"undiscovered country"*, que nos faz todas as noites sonharmos outros sonhos, que são os sonhos possíveis dos que ainda estão por aqui.

Macbeth e o *assassinato* do sono

Um ensaio psicanalítico sobre a insônia[1]

"A essência própria do ambicioso é apenas a sombra de um sonho."

Hamlet, ato II, cena 2

"Tocai o alarma! Abri-vos, sepultura! Posso morrer, mas dentro da armadura."

Macbeth, ato V, cena 5

Este ensaio pretende examinar as relações entre a insônia, a angústia e o desamparo sob uma perspectiva psicanalítica, partindo da

---

[1]Este texto é uma versão modificada do artigo "Macbeth e o assassinato do sono: um ensaio psicanalítico sobre a insônia", publicado em VOLLICH R. M., FERRAZ F. e RANNA W. (org.) *Psicossoma III: interfaces da psicossomática*. São Paulo: Casa do Psicólogo, 2003, p. 231-264. Agradecemos aos organizadores daquele livro e à Artesã Editora pela autorização da publicação aqui deste trabalho. Gostaria de expressar meu agradecimento à professora Bárbara Heliodora, que, com sua paixão pelo teatro de Shakespeare e sua competência em ensiná-lo, animou em mim o desejo de conhecê-lo mais profundamente. Gostaria, também, de agradecer a Rubens Marcelo Volich, cujo encorajamento e amizade foram decisivos para que esse artigo viesse à luz. Finalmente, agradeço a Mônica Teixeira pela leitura cuidadosa deste texto em sua fase de preparação e por seus valiosos comentários.

seguinte questão e de seus desdobramentos: se Freud concebe a análise como experiência radical de desilusão, como, então, seria ainda assim possível ao sujeito dormir em paz após o desabamento de suas garantias reasseguradoras ilusórias e o (re)encontro com o próprio desamparo, o mais fundamental, passagem incontornável para o final de qualquer tratamento psicanalítico? É ainda possível repousar após se haver contemplado frontalmente a "noite horrenda" — aquela para além da noite do seio mau: a do seio nenhum? Qual o descanso para além da internalização da mãe zelosa? Que sono diante da mãe real, ou seja, daquela que pode não estar lá mesmo no momento do anseio mais desesperado por sua proteção?

Se o sono infantil depende da pacificação do mundo — *real* —, propiciada pelo amparo invisível de uma mãe amorosa e ativamente atenta às necessidades do filho; se o dormir dos primeiros anos repousa sobre a ilusão de segurança advinda dessa experiência fundante; e se a subjetivação possível de nosso radical desamparo — o outro nome da castração — está intrinsecamente ligada à desilusão quanto à proteção supostamente oferecida por um Outro imaginário, onipotente e amorosamente benfazejo, então, que sono ainda é possível após a constatação de que todas as garantias absolutas "dissolveram-se no ar, em pleno ar", e que "o próprio Globo, grandioso, e também todos os que nele estão e todos os que o receberem por herança se esvanecerão e, assim como se foi terminando e desaparecendo essa apresentação insubstancial, nada deixará para trás um sinal, um vestígio"[2]?

Se, como sustentará Lacan em seu seminário 7, *A ética da psicanálise*, o verdadeiro término de uma análise depende de que o sujeito possa finalmente confrontar o próprio desamparo, ou seja, a

---

[2]SHAKESPEARE, W. *A tempestade*. Tradução de Beatriz Viégas-Faria. Porto Alegre: L&PM, 2013, p. 89.

condição em que "o homem, nesta relação consigo mesmo que é sua própria morte [...] [já] não pode esperar ajuda de ninguém"[3], então, qual o destino do sono após se haver transposto esse ponto crucial?

Para examinarmos esse problema — sem a ambição de resolvê--lo, mas satisfeitos se conseguirmos colocar seus termos de forma fecunda desde um ponto de vista psicanalítico —, tomaremos, como fez Freud tantas vezes, recurso em Shakespeare. O enigma do sono, a capacidade de sonhar e a proximidade subjetiva do dormir e da morte pareciam obsedar o genial dramaturgo inglês, que inúmeras vezes tratou poeticamente desses temas em suas peças. *Macbeth* — a tragédia de um homem ambicioso que descobre, pelo sofrimento engendrado por sua paixão cega, que ele próprio não passa de "um pobre cômico que se empavona e agita por uma hora no palco, sem que seja, após, ouvido"[4] — servirá de base para nossa argumentação. Nada podendo fazer com essa descoberta, Macbeth ainda assim decide bravamente morrer em combate. Dessa forma, "o assassino do sono" encontra sua própria forma, singular, de confrontar o sono da morte, "terra ignota de cujos confins nenhum viajante retornou"[5].

Notas sobre o sono, a insônia e a morte no teatro de Shakespeare

As perturbações do sono, a insônia e os sonhos de angústia são temas recorrentes no teatro de Shakespeare. Inúmeras são as suas

---

[3]LACAN, J. (1959-1960) *O seminário, livro 7: a ética da psicanálise*. Tradução de Antônio Quinet. Rio de Janeiro: Zahar, 1988, p. 364, aula de 29 de junho de 1960, tradução modificada.
[4]SHAKESPEARE, W. Macbeth. In: *Teatro completo: tragédias*. Tradução de Carlos Alberto Nunes. Rio de Janeiro: Ediouro, sem data de publicação, p. 367.
[5]SHAKESPEARE, W. *A tragédia de Hamlet, príncipe da Dinamarca*. Tradução, introdução e notas de Lawrence Flores. Ensaio de T. S. Eliot. São Paulo: Companhia das Letras, 2015, p. 112.

peças nas quais esses distúrbios do dormir ocupam um lugar dramático central. Os exemplos multiplicam-se facilmente.

Já no prólogo de A *megera domada*, uma das primeiras comédias escritas pelo então jovem poeta de Stratford, vemos o personagem Christopher Sly — um bêbado mergulhado no sono da embriaguez — ser desperto para a realização, na vida de vigília, de um sonho de riqueza e de poder. A brincadeira, levada a efeito pelas ordens de um nobre que por ali passava com sua comitiva, consistia em acordar o pobre homem, tratando-o como se ele fosse um rico cavalheiro, e a lembrança de sua miséria, apenas um sonho ruim.

Da mesma forma, os elixires mágicos de provocar paixão, em *Sonho de uma noite de verão*, para que tivessem efeito, deveriam ser instilados nos olhos das "vítimas" enquanto estivessem dormindo. A tragédia de *Romeu e Julieta*, por sua vez, tem seu ponto dramático culminante na confusão entre sono e morte que o jovem Montéquio faz ao confrontar o corpo inerte de sua amada, lançando-se ao suicídio e ao triste desfecho da peça.

Tal aproximação poética entre sono e morte — a última sendo evocada pelo silêncio, desligamento do mundo e abandono de si mesmo, características inerentes ao primeiro — constitui outra figura frequentíssima da poética shakespeareana. O imortal monólogo de Hamlet, no terceiro ato da peça, apresenta essa analogia entre sono e morte sob a forma de uma continuidade quase natural: "Morrer, dormir; dormir, talvez sonhar". Segundo o atormentado protagonista, imaginar que a morte é capaz de pôr "fim à nossa angústia e aos mil assaltos naturais que a carne herdou" é um alento a se desejar. Contudo, "sim, aí está o entrave: pois no sono da morte os sonhos que virão, depois de repudiado o vórtice mortal, nos forçam a refletir"[6]. O caráter enigmático do que nos espera

---

[6]*Ibid.*, p. 111.

após a morte — "terra ignota" da qual ser humano algum jamais voltou — aparece aqui como o grande obstáculo que impede que os homens encontrem a libertação de seus sofrimentos na ponta de um punhal. Dessa forma, conclui Hamlet, tal consciência faz de nós covardes, pois os homens preferem suportar os males conhecidos na crueza da existência a arriscar-se a outros por eles ignorados no sono da morte.

Em *Medida por medida*, o duque de Viena, disfarçado de religioso, tenta consolar Cláudio, condenado à morte e aguardando sua execução, com as seguintes palavras: "O sono é teu repouso que tantas vezes busca, mas tens medo da morte, que é só isso"[7].

O recurso que toma Shakespeare nas figuras universais do sono e da insônia frequentemente atribui ao repouso noturno o caráter de uma espécie de "hora da verdade" do personagem, constituindo o momento em que os justos poderão repousar em paz, em que os criminosos ver-se-ão assolados pelas sombras de seus crimes ou, ainda, em que grandes revelações existenciais se manifestam àqueles capazes de acolhê-las.

No capítulo 1 deste livro, comentei a famosa cena do solilóquio de Henrique V, pronunciado entre os soldados de seu exército, que dormiam tranquilamente na madrugada precedendo a decisiva batalha de Agincourt. Tendo diante de si o exército francês, muitas vezes mais numeroso, mais descansado e mais bem preparado para o combate, tudo fazia prever o massacre iminente das forças inglesas, conduzidas ao martírio pela soberana (e solitária) deliberação do rei.

Contudo, era justamente essa condição de alienação às supostas garantias emanadas do poder real que permitia que, às vésperas do

---

[7]SHAKESPEARE, W. *Medida por medida*. Tradução de Beatriz Viégas-Faria. Porto Alegre: L&PM, 2012.

provável martírio, os soldados pudessem repousar em paz, enquanto o monarca permanecia como o único insone entre as tropas. Ele, e somente ele, deveria responder diante de Deus, no dia do Juízo, sobre as consequências e a justiça — ou não — de sua decisão de conduzir seu povo à guerra e, provavelmente, à morte. Abandonado à contingência de sua desamparada decisão, apenas ao rei, e somente a ele, era dado contemplar em face, em sua terrível extensão, a noite horrenda (*"horrid night, the child of hell"*). O vil escravo, por sua vez, vai deitar-se "com o corpo cheio e o espírito vazio, tendo o pão da desventura satisfeito", sem que, em seu espírito, faça qualquer ideia "das vigílias que o rei tem de passar para que ele possa conservar essa paz"[8].

A cena da aparição do fantasma de Júlio César durante o sono de Brutus, que participara da conspiração e do ato que conduziriam o imperador à morte indefesa, constitui exemplo marcante do emprego dramático que faz Shakespeare do retorno noturno da culpa e dos crimes cometidos pelo próprio sujeito. Nessas situações, o sono agitado e os pesadelos são expressões da angústia do personagem, tomado por culpas implacáveis decorrentes de seus próprios atos criminosos. Tais sonhos terríveis, próximos de experiências alucinatórias, não figuram propriamente cenas de retaliação. Eles expressam, acima de tudo, o caráter obsceno do crime praticado: surgem aos olhos do criminoso os corpos mutilados, o sangue derramado, as feridas infligidas, o corte na carne inocente. Nos pesadelos dos criminosos shakespeareanos, frequentemente os cadáveres retornam mudos, sendo sua mera presença uma pavorosa promessa de vingança, o que deixa entrever a culpa e a

---

[8]SHAKESPEARE, W. A vida do rei Henrique V. In: *Teatro completo de Shakespeare: dramas históricos*. Tradução de Carlos Alberto Nunes. São Paulo: Ediouro, sem data de publicação.

autocondenação. Tais imagens confrontam o personagem com o horror de sua própria vilania e crueldade. "Que visão sangrenta!"[9], exclama a plebe ao contemplar o corpo múltiplas vezes apunhalado de Júlio César. "Horror, horror, horror!"[10], brada Macduff ao constatar o assassinato do rei Duncan, no segundo ato de *Macbeth*.

Da mesma maneira, a insólita agitação do sono de Ricardo III no último ato desse drama histórico constitui outro exemplo contundente da concepção de Shakespeare do descanso noturno como momento de emergência da verdade do sujeito, que se expressa seja pelo tranquilo (e indefeso) repouso dos justos, seja pela angústia e inquietação daqueles que estão em conflito consigo e com seus atos. Aqui, Ricardo encarna o protótipo mesmo do tirano sanguinário que chega ao poder pelos meios mais vis de intriga, traição e assassinato, executados com a maior frieza e crueldade.

Em seu terrível solilóquio que abre a peça, por exemplo, o futuro monarca apresenta-se como inabalavelmente diabólico em sua pétrea resolução de recorrer aos meios mais malignos para conquistar o trono da Inglaterra: "Determinei tornar-me um malfeitor e odiar os prazeres destes tempos. Armei conspirações, graves perigos, profecias de bêbados, libelos para pôr meu irmão Clarence e o rei dentro de ódio mortal, um contra o outro; e se o rei Eduardo for tão firme quanto eu sou falso, fino e traiçoeiro, inda este dia Clarence será preso"[11]. Ao longo da peça, Ricardo não hesitará em fazer a corte e seduzir Lady Anne diante do cadáver de seu marido, que ele mesmo assassinara, nem em

---

[9] SHAKESPEARE, W. *Júlio César*. Tradução de Bárbara Heliodora. Rio de Janeiro: Lacerda Editores, 2001.
[10] SHAKESPEARE, W. Macbeth. In: *Teatro completo: tragédias*. Tradução de Carlos Alberto Nunes. Rio de Janeiro: Ediouro, sem data de publicação, p. 342.
[11] SHAKESPEARE, W. Ricardo III. In: *William Shakespeare: teatro completo. Volume 3: peças históricas*. Tradução de Bárbara Heliodora. São Paulo: Nova Aguilar, 2016.

ordenar a execução de seu próprio irmão ou dos jovens filhos do rei morto, entre outros crimes dos mais vis, executados sem sombra de arrependimento.

Entretanto, o cruel protagonista da peça termina finalmente por revelar sua condição meramente humana — demasiado humana — ao expressar, pela perturbação de seu sono, a sua até então dissimulada clivagem interior. À espera da batalha que decidiria seu destino, Ricardo desperta no meio da noite, assolado pela tenebrosa visão das vítimas dos crimes que cometera. Concretizava-se, assim, a maldição da rainha Margareth a ele dirigida no início da peça: "Que o sono não te feche os olhos tristes senão para algum sonho tormentoso que te amedronte como diabo horrendo!"[12]. Um a um, passam na cena do sonho de Ricardo os fantasmas dos indivíduos por ele assassinados em sua ânsia cega de chegar ao trono. Cada um deles profere um discurso que evoca a culpa criminosa do protagonista, concluídos sempre em tom de ameaçadora maldição: "Desespera e morre!".

Tais aparições têm por efeito interpelar Ricardo quanto a sua própria divisão subjetiva, até então imperceptível ao público — e a ele mesmo. Despertando em sobressalto, o tirano exclama em solilóquio: "Piedade, meu Jesus! Era só sonho! Não me aflijas, covarde consciência! Há uma luz azulada! É meia-noite. Gotas frias me cobrem todo o corpo. A quem temo? A mim mesmo? Estou sozinho. Ricardo ama Ricardo. Eu sou eu mesmo. Há um assassino aqui? Não — sim, sou eu"[13].

Após essas confusas expressões de turbulência interior, que denotam um profundo abalo na pretensa unidade de seu eu, Ricardo, escutando os ruídos da aproximação de um de seus

---

[12]*Ibid.*
[13]*Ibid.*

servidores, exclama, sobressaltado: "Quem está aí?". Essa interpelação, exigindo que se esclareça o suspense quanto à identidade daquele que emerge das profundezas do "estranho", é uma constante na obra de Shakespeare. "Who is there?" é a enigmática questão que abre *Hamlet*, pronunciada por Bernardo em sua vigília noturna do palácio de Elsinore. "Quem está aí?" é igualmente a pergunta desesperada pronunciada por Macbeth logo após haver cometido, com suas próprias mãos, o assassinato do bondoso rei Duncan. Transtornado pelo ato criminoso que cometera sob a instigação de sua mulher, Macbeth tem a inquietante impressão de ouvir uma voz gritar:

> "Não durmais! Macbeth matou o sono!", o meio sono, o sono que desata a emaranhada teia dos cuidados, que é o sepulcro da vida cotidiana, banho das lides dolorosas, bálsamo dos corações feridos, a outra forma da grande natureza, o mais possante pábulo do banquete da existência.[14]

O "assassinato do sono", do "sono inocente": dessa forma, a tragédia do ambicioso guerreiro escocês coloca de maneira contundente o enigma das condições anímicas que permitem ao sujeito entregar-se ao repouso, bem como fornece uma valiosa pista de investigação psicanalítica sobre a ruptura da possibilidade de se usufruir desse prato principal que os cuidados maternos atribuídos à natureza podem fornecer aos humanos — ao menos, no que diz respeito à mortal ruína a que se entrega alguém quando arrebatado pelo caráter mais cego de suas pulsões, em suas ânsias de gozo absoluto. É essa pista que pretendemos seguir por um instante em nosso argumento.

---

[14]SHAKESPEARE, W. Ricardo III. In: *Teatro completo: tragédias*. Tradução de Carlos Alberto Nunes. Rio de Janeiro: Ediouro, sem data de publicação, p. 340.

O estatuto metapsicológico do sono e o problema psicopatológico da insônia

O problema do estatuto metapsicológico do sono colocou-se desde o início no pensamento freudiano. Era necessário, dada a experiência clínica que Freud ia acumulando no tratamento de neuróticos, delimitar as condições nas quais ocorriam os sonhos e explicar por que razões certos elementos psíquicos permaneciam recalcados durante a vida de vigília, mas que conseguiam algum tipo de expressão, ainda que deformada, através dos sonhos.

Já em seu "Projeto para uma psicologia científica", de 1895, Freud sustenta que "uma condição do sono é o abaixamento da carga endógena no núcleo de (psi), tornando supérflua a função secundária"[15]. Como no adulto, ainda segundo o "Projeto", o armazenamento de energia psíquica (Qn) está concentrado no "Eu", "podemos supor que seja a descarga do 'eu' que condicione e caracterize o sono"[16]. Ou seja, o "eu" esvaziar-se-ia periodicamente de seus investimentos, propiciando, assim, o repouso: o sono é o estado da vida mental em que o Eu é colocado em suspenso; a emergência dos sonhos nessas condições, funcionando segundo modalidades lógicas e linguísticas próprias, testemunha de maneira contundente que o Eu "não é senhor em sua morada".

Ainda que o desinvestimento do Eu não seja completo durante o sono, mesmo assim, tal condição — aliada à paralisia motora da vontade que caracteriza o dormir — facilitaria o surgimento de processos primários, ou seja, desejos clamando por realização através das vias mais curtas e imediatas.

---

[15]FREUD, S. (1895) Enwurf einer Psychologie. In: GABBI JR, O. F. *Notas a um projeto de psicologia: as origens utilitaristas da psicanálise.* Rio de Janeiro: Imago, 2003, p. 212.
[16]*Ibid.*

Ao procurar descrever, ainda no contexto do "Projeto", as condições psíquicas necessárias para a instalação do sono, Freud declara que o indivíduo dorme com satisfação *post coenam et coitum*. Ou seja, livre de excitações e estimulações da vida de vigília, o sujeito, durante o sono, "está no estado ideal de inércia"[17]. Já no início daquele texto, Freud havia descrito o *princípio da inércia neurônica* como constituindo a função primária do sistema nervoso: a eliminação completa de todo estímulo que a ele chega. Assim, o sono, mais do que a morte, realizaria da forma mais perfeita possível tal aspiração à satisfação através do esvaziamento idealmente completo de toda excitação.

Esse ponto de vista comporta importantes consequências. Segundo ele, dormir é, antes de tudo, uma experiência erótica de fruição. Desfruta-se eroticamente do repouso, tendo sido aplacadas, ou temporariamente abandonadas, as exigências pulsionais da vida de vigília. Aquelas que porventura persistirem/insistirem durante o sono, ensina-nos Freud em "A interpretação dos sonhos", deverão ser elaboradas através do trabalho do sonho (*Traumarbeit*), sendo representadas na cena onírica como já realizadas, de modo a que não perturbem a realização de um desejo ainda mais fundamental: o desejo de dormir (*Wunsch zum schlafen*). Tal condição — diríamos "erótica", pois se trata de um desejo — de repouso deve ser defendida contra toda a perturbação, e todos os desejos intervenientes devem submeter-se a ela. Trata-se no estado de sono, segundo os termos freudianos, da restauração regressiva do narcisismo primitivo.

O desejo de dormir esforçar-se-ia, portanto, por absorver os investimentos provindos do Eu e por estabelecer um narcisismo absoluto. "Isso só pode ter um sucesso parcial", afirma Freud,

---

[17]FREUD, S. (1895) Enwurf einer Psychologie. In: GABBI JR, O. F. *Notas a um projeto de psicologia: as origens utilitaristas da psicanálise*. Rio de Janeiro: Imago, 2003, p. 176.

"pois o que é recalcado no sistema Ics. [das Verdrängte des Systems Ubw.] não obedece ao desejo de dormir"[18]. O sonho instaura-se, nesse contexto, como "guardião do sono", dando vazão às exigências pulsionais remanescentes, deformando-as o mínimo suficiente para que sua explicitação no Eu ainda presente não venha importunar o repouso.

Dessa forma, quanto mais intensos forem os investimentos pulsionais do inconsciente, mais instável será o sono. "Estamos familiarizados", diz Freud, "com o caso extremo em que o Eu desiste do desejo de dormir (das Ich den Schlafwunsch aufgibt) porque se sente incapaz de inibir os impulsos recalcados liberados durante o sono — em outras palavras, em que renuncia ao sono por temer seus sonhos"[19]. Temos aqui uma clara indicação freudiana sobre os mecanismos subjacentes à insônia: a excitação perturbadora de pulsões inconscientes inaceitáveis para o Eu. A clivagem subjetiva expressa-se aqui pela impossibilidade de conciliar o repouso.

Correlativamente a tal processo, Freud fala também de a possibilidade de alguns pensamentos pré-conscientes do dia permanecerem investidos durante a noite, introduzindo uma brecha no narcisismo e, assim, impedindo o sono. Tais vestígios do dia retirariam sua força perturbadora do fato de permanecerem em conexão associativa com elementos recalcados altamente excitantes, mas intoleráveis. Ambas as situações — no fundo, casos particulares de um mesmo mecanismo geral — se expressariam pela perturbação do sono, pela insônia e pelos pesadelos. A impossibilidade de conciliar o sono, a incapacidade de usufruir da experiência erótica

---

[18]FREUD, S. (1917) Suplemento metapsicológico à teoria dos sonhos. In: *Edição standard brasileira das obras psicológicas completas de Sigmund Freud. A história do movimento psicanalítico, Artigos sobre a metapsicologia e outros trabalhos (1914-1916)*. Direção de tradução de Jayme Salomão. Rio de Janeiro: Imago, 1996, p. 256-257.
[19]*Ibid.*

de mergulhar no recolhimento narcísico do repouso, constitui um inquietante sintoma para o sujeito, expressando sua clivagem interior e interrogando-o — por vezes, radicalmente — sobre sua relação com seu próprio desejo.

As dinâmicas erógenas e narcísicas do sono — o lugar do Outro

Inúmeras questões vêm imediatamente à tona quando examinamos as contribuições dos autores pós-freudianos sobre o tema do sono, contribuições essas surpreendentemente escassas. Pierre Fédida, por exemplo, propõe uma aproximação das duas formas de regressão descritas por Freud para caracterizar os processos do sono e do sonho: no primeiro, tratar-se-ia de uma regressão no desenvolvimento do Eu, visando reestabelecer o narcisismo primário; no segundo, seria questão de uma regressão no desenvolvimento da libido, retornando-se a uma condição de "satisfação alucinatória do desejo"[20]. Para Fédida, nenhuma dessas formas regressivas pode ser pensada sem a outra, uma vez que ambas concorrem para constituir a experiência do sono enquanto processo narcísico de regeneração interior. Protegido de todas as excitações mundanas, o dormir constituiria o protótipo depressivo do espaço psíquico, condição para a instauração autoerótica do psíquico.

Apoiando-se nas contribuições de Isakower e de Lewin, Fédida considera que o adormecer comportaria as dimensões de perda dos limites do Eu, de regressão arcaica a conteúdos de memória que retornam no próprio corpo e de solidão absoluta, remetendo aos mais terríveis temores de morte, destruição e separação. Tais dimensões

---

[20]FÉDIDA, P. Le conte et la zone de l'endormissement. In: *Corps du vide et espace de séance*. Paris: Jean-Pierre Delarge, 1977.

podem, por si, constituir um horizonte assustador que impediria o dormir para alguns sujeitos.

Joyce McDougall[21], por sua vez, interroga-se sobre as condições de possibilidade para que o sono possa se instalar como experiência que aporta bem-estar interior, destacando a dimensão de investimento libidinal no dormir do bebê por parte da mãe. A autora apoia-se nos trabalhos de M. Fain, que distingue duas formas básicas do sono infantil: uma na qual a criança experimenta um sentimento de satisfação e de fusão com a mãe, comparável à descrição freudiana de um retorno ao narcisismo primário; e um segundo modelo de sono, precedido por frustração, sofrimento e tensão dolorosa, no qual a criança dorme por esgotamento. O segundo, à diferença do primeiro, constitui apenas uma expressão da premência fisiológica do dormir. A primeira forma é vivida como experiência de restituição narcísica e libidinal, indispensável para a preservação do equilíbrio psíquico. Nesse contexto, McDougall propõe que a capacidade para obter um sono desse tipo depende, em grande parte, da possibilidade que tiveram os indivíduos de internalizar (ou não) uma mãe afetuosa, sem ser transbordante em sua afeição, capaz de funcionar como guardiã do sono.

Em outro trabalho[22] — na verdade, um livro em que, sob a coordenação de Francisco Varela, um grupo de importantes cientistas e homens de letras entrevista o Dalai Lama sobre os temas do sonho, do dormir e da morte —, Joyce McDougall faz uma interessante aproximação entre o sono e o orgasmo, sugerindo que, no plano imaginário, esses dois estados mentais estão associados através da ideia de morte. A psicanalista lembra que, em francês,

---

[21] McDOUGALL, J. *Teatros do corpo*. Rio de Janeiro: Martins Fontes, 1991.
[22] McDOUGALL, J. Sommeil, orgasme et mort. In: VARELA, F. J. *Dormir, rêver, mourir*. Paris: Nil Éditions, 1998, p. 70-71.

o orgasmo também é referido como "la petite mort". Um e outro implicam um certo grau de distanciamento do mundo externo e das garantias de um Eu organizado. Correlativamente, muitos indivíduos apresentam dificuldades de conciliar o sono ou de atingir o orgasmo por temer abandonar suas ancoragens egoicas e/ou perder os limites de si mesmo, mergulhando em angústias fusionais e de dissolução do Eu.

Vemos, assim, que todas essas elaborações teóricas colocam ênfase nas dimensões autoerótica e narcísica próprias ao processo do sono e destacam o papel decisivo do Outro na sustentação dos investimentos libidinais fundantes do narcisismo primário. Tomando esse ponto de partida, iremos agora focalizar essa mesma questão por uma outra perspectiva: o da ruptura das condições psíquicas e libidinais que permitiriam o sono e o desfrutar erótico do repouso, condição que se manifesta clinicamente pela insônia, pelo sono ruim ou pelos pesadelos.

É assim que Macbeth aparece como o protótipo mesmo, ainda que literário, do homem arruinado e amaldiçoado — o "assassino do sono" — que perde a alma e, com ela, a possibilidade de repousar em paz. Nele, o sono tranquilo cede lugar à impossibilidade de sair, mesmo que temporariamente, da "emaranhada teia dos cuidados"[23]. É essa condição de perdição, de inquietação perpétua que impede o repouso que procuraremos elucidar através do comentário da tragédia de Macbeth, buscando, com o recurso à arte (do qual Freud tantas vezes se serviu na construção de sua teoria), obter algum ganho em nossa compreensão psicanalítica da insônia e suas relações com a angústia e com o desamparo. E com o final de uma análise, talvez.

---

[23]SHAKESPEARE, W. Macbeth. In: *Teatro completo: tragédias*. Tradução de Carlos Alberto Nunes. Rio de Janeiro: Ediouro, sem data de publicação, p. 340.

Freud e o enigma de Macbeth

Macbeth conta a história da ruína de um homem inicialmente bravo e valoroso em seus feitos, nobre e leal em seu ofício de general do exército do rei da Escócia, mas que se deixou embriagar por um sonho de poder. Mais do que com sua morte, o protagonista confronta-se com a perda da possibilidade de dormir em paz, apesar de ter, pelo crime, conquistado a coroa.

Quase quatro séculos após sua criação, a versão shakespeareana da tragédia de Macbeth continua a mobilizar o público, impactando-o com sua força e contundência. Tamanho sucesso não deixa de comportar um caráter enigmático: qual a razão do enorme poder de atração que o personagem principal — antes um homem patético que se deixa arrastar pela ambição para a própria destruição do que um herói trágico convencional — exerce sobre os espectadores de diferentes épocas?

Em seu livro *Shakespeare, a invenção do humano*, no capítulo dedicado a *Macbeth*, Harold Bloom mostra que, enquanto em outros heróis-vilões shakespeareanos "a perversidade é motivo de prazer [...] Macbeth sofre intensamente ao constatar que causou — e que está fadado a seguir causando — o mal"[24]. É seu aprisionamento na engrenagem do Mal e de assassinatos que ele próprio engendrou que o torna, ao mesmo tempo, cativante e digno de compaixão. Dessa forma, o autor interroga-se sobre o fato de que, apesar de ser claramente um personagem cruel e criminoso, a atração que o bravo general exerce sobre o público é avassaladora: por que não conseguimos resistir à identificação com Macbeth? Uma das hipóteses é assim expressa pelo famoso crítico da Universidade de Yale:

---

[24]BLOOM, H. *Shakespeare: a invenção do humano*. Tradução de José Roberto O'Shea. Rio de Janeiro: Objetiva, 2000, p. 633.

"Se somos levados a nos identificar com Macbeth, ainda que ele nos aterrorize (e aterrorize a si mesmo), é porque somos igualmente aterrorizantes"[25]. Examinemos, pois, um pouco mais de perto o terror suscitado pelo enredo.

A peça é, de fato, aterrorizante. Em sua "Nota do tradutor", Manuel Bandeira descreve essa obra como "a mais sinistra e sanguinária" tragédia de Shakespeare, "basta dizer que dos protagonistas apenas dois sobrevivem — Macduff e Malcolm"[26]. Anthony Burgess, por sua vez, citando a própria peça — "Fora, fora, vela breve" —, considera que *Macbeth*, escrita em um período de desilusão de seu autor, expressa uma visão amarga da vida[27].

Mesmo assim, a sede de poder absolutamente manifesta pelo protagonista tem algo de arrebatador. Em *Aurora*, Nietzsche sustenta que o fascínio exercido por essa tragédia decorre justamente da volúpia explícita da furiosa ambição de seu protagonista. Seria a exuberância crua de sangue e de energia a fonte do arrebatamento exercido pelo personagem sobre a plateia[28].

O comentário de Bárbara Heliodora sobre a peça segue essa mesma direção, embora focalize a crueza da sede de poder, tratada como tema fundamental dessa tragédia. Diz a autora: "Macbeth tem dúvidas, porém fica bem claro que a força da ambição é maior do

---

[25]*Ibid.*, p. 634.
[26]BANDEIRA, M. Nota do tradutor. In: SHAKESPEARE, W. *Macbeth*. Tradução de Manuel Bandeira. São Paulo: Paz e Terra, 1997, p. 5-6.
[27]BURGESS, A. *A literatura Inglesa*. Tradução de Duda Machado. 2 ed. São Paulo: Ática, 1999, p. 98.
[28]Tópico 240: "Aquele que é verdadeiramente possuído por uma ambição furiosa contempla com alegria essa imagem de si mesmo; e quando o herói perece, vítima de sua paixão, esse é precisamente o ingrediente mais picante na bebida ardente dessa alegria. O poeta sentiu, pois, de outra maneira? Com que altivez real, sem nada de libertino, o ambicioso percorre sua carreira, uma vez perpetrado seu audacioso crime!" In: NIETZSCHE, F. *Aurora: reflexões sobre os preconceitos morais*. Tradução, notas e posfácio de Paulo César de Souza. São Paulo: Companhia de Bolso, 2016, p. 155-156.

que elas"[29]. Na introdução que escreve à sua tradução de *Macbeth*, Heliodora descreve Shakespeare como um dramaturgo "profundamente envolvido com suas investigações sobre a natureza do mal, e sobre os vários modos pelos quais o homem lida com a presença deste em sua existência"[30]. Ela chama a atenção para o fato de que *Macbeth* não é de modo algum a mera história de um criminoso: trata-se, antes de mais nada, "de se acompanhar a terrível trajetória de um homem cheio de qualidades, bom súdito e melhor general, que a certa altura é dominado pela ambição"[31].

Em Freud, a tragédia de Macbeth sempre provocou a mais profunda impressão. Ao ser convidado, juntamente com outras personalidades do mundo científico e intelectual, em 1907, pelo editor vienense Hugo Keller a indicar a seus leitores "dez bons livros", Freud responde que, se a questão colocada fosse "as dez mais magníficas obras da literatura mundial", uma delas seria *Macbeth*, ao lado de Homero, as tragédias de Sófocles, o *Fausto* de Goethe e *Hamlet*. Ernest Jones sublinha o fato de que Freud considerava Shakespeare seu escritor favorito, sendo que a análise de inúmeras de suas peças desempenhou um papel fundamental na construção do edifício teórico da psicanálise.

Em sua biografia do mestre vienense, Peter Gay relembra que, certa feita, em sua correspondência com o pastor Pfister, respondendo à questão deste sobre o que faria se a idade o conduzisse a um ponto em que "as ideias falham e as palavras não vêm", Freud revela a seu interlocutor um pedido secreto: "Apenas nenhuma invalidez, nenhuma paralisia das faculdades pessoais devido a uma desgraça

---

[29]HELIODORA, B. *Falando de Shakespeare*. São Paulo: Perspectiva, 2001, p. 70.
[30]HELIODORA, B. Introdução a Macbeth. In: SHAKESPEARE W. *Hamlet e Macbeth*. Tradução de Ana Amélia Carneiro de Mendonça e Bárbara Heliodora, respectivamente. Rio de Janeiro: Nova Fronteira, 1995, p. 176.
[31]*Ibid.*, p. 177.

física". E completa: "Que morramos em nosso posto, como diz o rei Macbeth". De fato, assim ocorreu, morrendo Freud "com dignidade e sem autopiedade" em setembro de 1939, assistido por seu médico, amigo e futuro biógrafo, o dr. Max Schür.

É interessante constatar que, refletindo sobre sua hora extrema, Freud evoca justamente a morte daquele herói trágico shakespeareano que perecera lutando com grande bravura, mesmo após já terem desabado todos os ideais e ilusões que tão obstinadamente perseguira. Sem dúvida, Macbeth exerca sobre Freud um grande efeito de questionamento e de fascinação. Em uma carta a Ferenczi, datada de 1914, Freud informava a seu correspondente: "Comecei a estudar Macbeth, que há muito tempo vinha me atormentando, sem ter até agora encontrado a solução". A persistência do enigma do legendário general escocês na mente de Freud talvez se expressasse nos comentários relativamente reduzidos feitos a essa peça encontrados em sua obra, sobretudo quando os comparamos às fartas e recorrentes elaborações realizadas em torno de outra grande tragédia de Shakespeare, *Hamlet*, como apontamos no capítulo anterior.

Tal diferença no recurso a uma e outra peça não deixa de provocar certo estranhamento, principalmente se lembrarmos que ambas tratam de regicídios com conotações parricidas. Lady Macbeth chega a afirmar, a certa altura da trama, que ela própria perpetraria o assassinato de Duncan caso a figura deste não a fizesse lembrar seu pai enquanto dormia. De não menor interesse para esse debate é o fato de que os dois crimes foram efetuados durante o sono dos reis, em plena entrega desamparada ao próprio repouso, sem que lhes fosse dada qualquer possibilidade de defesa. Contudo, constata-se uma diferença marcante: lá onde Hamlet se encontrava abandonado a suas próprias indefinições e procrastinações no momento de agir, Macbeth encontrava forças para a ação, a princípio instigado pela pétrea determinação de sua mulher, mas, em seguida, sustentado por sua própria volúpia de conquistar o trono e por seu temor extremo quanto às possíveis consequências de seus atos vis.

Sem haver autenticamente superado a própria ambivalência quanto à realização dos crimes que conduziriam à concretização de suas ambições, mas compelido pelas firmes estocadas de Lady Macbeth, dirigidas sobretudo contra sua virilidade e contra sua dignidade fálica, o barão de Glamis age. Mas hesita e se desespera após a efetivação de cada uma de suas ações homicidas, vendo-se prisioneiro de uma engrenagem sangrenta que o obriga a cometer novos crimes no intuito de sobreviver e de escapar da punição e da culpa.

Dessa forma, o crime fundador — o regicídio — engendra uma cadeia de mortes, temores e desconfianças que tem por efeito impedir que os usurpadores possam gozar prazerosamente do resultado de suas conquistas. Essa é justamente a perspectiva pela qual Freud irá abordar a peça no comentário mais extenso que a ela dedicou: a primeira parte da seção "Arruinados pelo êxito", do artigo "Alguns tipos de caráter encontrados no trabalho psicanalítico", de 1916.

Nesse texto, Freud propõe-se a examinar a situação paradoxal (mas frequentemente observada na clínica) daqueles indivíduos que adoecem "no momento em que um desejo profundamente enraizado e há muito alimentado atinge a realização". Tudo se passa "como se elas não fossem capazes de tolerar sua felicidade, pois não pode haver dúvida de que existe uma ligação causal entre seu êxito e o fato de adoecerem"[32]. A tragédia de Macbeth é, pois, apresentada por Freud como paradigmática de tais situações de fracasso autoinfligido, em particular a figura de Lady Macbeth. Essa sinis-

---

[32]FREUD, S. (1916) Alguns tipos de caráter encontrados no trabalho psicanalítico. In: *Edição standard brasileira das obras psicológicas completas de Sigmund Freud. A história do movimento psicanalítico, Artigos sobre a metapsicologia e outros trabalhos (1914-1916)*. Direção de tradução de Jayme Salomão. Rio de Janeiro: Imago, 1996, p. 357.

tra personagem aparece aos olhos do criador da psicanálise como o exemplo mesmo "de pessoa que sucumbe ao atingir o êxito após lutar exclusivamente por ele com todos as suas forças"[33].

Freud destaca o fato de que, inicialmente, Lady Macbeth não manifestava qualquer hesitação em levar a cabo seu projeto de conspiração e de homicídio, mostrando-se pronta, para isso, a sacrificar a própria feminilidade: "Vinde, espíritos que os pensamentos espreitais de morte", exclama a futura rainha da Escócia, "tirai-me o sexo, cheia me deixando, da cabeça até aos pés, da mais terrível crueldade!"[34].

Contudo, tão logo se torne rainha pelo assassinato de Duncan, "ela trai, por um momento, algo como um desapontamento, algo como ilusão. Não podemos dizer por que razão", citando a seguinte passagem da peça: "Tudo perdemos quando o que queríamos obtemos sem nenhum contentamento: mais vale ser a vítima destruída do que, por a destruir, destruir com ela o gosto de viver"[35].

À medida que a peça avança, Freud observa que Macbeth vai se tornando tão inexorável quanto sua esposa inicialmente o era na luta por seu ideal grandioso. Lady Macbeth, contudo, definha rapidamente em sua força até consumir-se na culpa e na loucura, terminando por suicidar-se sem qualquer glória.

Toda a questão concentra-se, pois, em elucidar essa ruptura tão radical em uma personalidade outrora firme e inclemente. A solução dada por Freud remete à sexualidade, à fecundidade e à feminilidade da personagem. Segundo seu ponto de vista, após

---

[33]*Ibid.*, p. 359.
[34]SHAKESPEARE, W. Macbeth. In: *Teatro completo: tragédias*. Tradução de Carlos Alberto Nunes. Rio de Janeiro: Ediouro, sem data de publicação, p. 335.
[35]FREUD, S. (1916) Alguns tipos de caráter encontrados no trabalho psicanalítico. In: *Edição standard brasileira das obras psicológicas completas de Sigmund Freud. A história do movimento psicanalítico, Artigos sobre a metapsicologia e outros trabalhos (1914-1916)*. Direção de tradução de Jayme Salomão. Rio de Janeiro: Imago, 1996, p. 360.

o crime, mesmo tendo sido alçada à condição de rainha, mesmo tendo renunciado a seu sexo em favor dos espíritos assassinos, Lady Macbeth teve de se confrontar com a esterilidade do casal, ferida narcísica que nem mesmo o título de realeza consegue remediar.

De fato, a oposição entre fecundidade e esterilidade é central na peça. Tal ponto de vista é sustentado por Freud em uma importante passagem do capítulo V de "A interpretação dos sonhos", dedicada ao debate sobre *Édipo Rei*: "Da mesma forma que *Hamlet* trata da relação entre um filho e seus pais, assim *Macbeth* (escrito aproximadamente no mesmo período) se reporta ao tema da falta de filhos"[36].

Freud chama a atenção para o fato de que a peça está repleta de referências às relações entre pais e filhos e supõe — confirma-nos Jones — que o fracasso de Macbeth em produzir um herdeiro masculino era a motivação secreta da tragédia, como veremos em detalhes mais adiante. Freud conclui sua análise da peça com a proposição de que, do ponto de vista psicológico, Macbeth e sua esposa eram dois aspectos de uma única personalidade, tendo de se defrontar de maneira multifacetada com uma mesma condição de extrema adversidade.

Cabe, contudo, destacar ainda mais uma referência significativa feita por Freud em outro contexto teórico, mas igualmente ligada ao tema da geração e do nascimento de filhos em *Macbeth*:

> O nascimento é tanto o primeiro de todos os perigos de sua vida como o protótipo de todos os subsequentes que nos levam a sentir ansiedade, e a experiência do nascimento, provavelmente, nos legou a expressão de afeto que chamamos de ansiedade. Macduff,

---

[36]FREUD, S. (1900) A interpretação dos sonhos. In: *Edição standard brasileira das obras psicológicas completas de Sigmund Freud. A interpretação dos sonhos (I) (1900)*. Direção de tradução de Jayme Salomão. Rio de Janeiro: Imago, 1996, p. 281.

da lenda escocesa, que não nasceu de sua mãe, mas lhe foi arrancado do ventre, por esse motivo não conhecia a ansiedade.[37]

Essa mesma referência ao lendário Macduff, assassino de Macbeth, não nascido de mulher, é retomada na "Conferência XXV", de 1917, dedicada à angústia. Tal como previsto pelas aparições engendradas pelas feiticeiras, nenhum homem nascido de mulher poderia fazer mal a Macbeth. Este, o rei mergulhado na angústia, haveria (ironicamente) de perecer diante daquele que não conhecera sequer o protótipo mesmo desse afeto. Em Macbeth, o rei usurpador que não engendrou descendência, a angústia e o desassossego expressavam-se sobretudo no fato de não conseguir dormir em paz.

"Sem que o sono, noite e dia, lhe baixe aos olhos um nada"

De fato, a tragédia de Macbeth discute o tema da insônia e da perda da possibilidade de dormir em paz de maneira quase obsessiva. Já na cena 3 do primeiro ato, que se passa na charneca e que mostra o diálogo entre as bruxas imediatamente antes de seu primeiro encontro com o desafortunado protagonista, uma delas lança a seguinte maldição contra um marinheiro cuja mulher recusou-se a dar castanhas a uma das feiticeiras: "Vou deixá-lo como enguia, sem que o sono, noite e dia, lhe baixe aos olhos um nada. Vai ser vida amaldiçoada. Semanas noventa e nove, fraco e magro, nem se move"[38].

---

[37]FREUD, S. (1910) Um tipo especial de escolha de objeto feita pelos homens (Contribuições à psicologia do amor I). In: *Edição standard brasileira das obras psicológicas completas de Sigmund Freud. Cinco lições de psicanálise, Leonardo da Vinci e outros trabalhos (1910)*. Direção de tradução de Jayme Salomão. Rio de Janeiro: Imago, 1996.
[38]SHAKESPEARE, W. Macbeth. In: *Teatro completo: tragédias*. Tradução de Carlos Alberto

Aqui, a insônia é apresentada como maldição oriunda de forças malignas que arrancam a paz e o repouso. Contudo, esse enunciado proferido por uma das feiticeiras contrasta frontalmente com o benefício prometido por Lady Macbeth em seu esforço por convencer o marido a assassinar o rei: "o grande negócio desta noite, que nos há de legar dias e noites de alegria, de mando soberano e de valia"[39]. O contraste é marcante entre as duas proposições: condenação à insônia eterna ou ao controle absoluto das noites e dos dias.

Acompanhemos, pois, um pouco mais em detalhes a progressiva implantação do desassossego e a perda da possibilidade de usufruir prazerosamente do repouso em *Macbeth*. A peça inicia com a sinistra cena em um lodaçal no qual as três bruxas anunciam, de forma enigmática, seu primeiro encontro com Macbeth: "São iguais o belo e o feio"[40], afirmam, deixando antever o cruel enovelamento de glória e crimes pelo qual transcorrerá o destino do protagonista.

Macbeth é, no início da ação, ostensivamente descrito como um valoroso, valente e fiel general das forças do rei Duncan, forças essas que buscam defender a coroa escocesa contra a revolta promovida pelo "impiedoso MacDonwald", das ilhas Ocidentais, associado aos invasores noruegueses. Com bravura e heroísmo, Macbeth, "de aço em punho, a fumegar da execução sangrenta", encontra-se face a face com o líder rebelde, "não lhe tendo apertado a mão nem dito nenhum adeus, enquanto de alto a baixo não o descoseu e em nossos parapeitos pendurou-lhe a cabeça"[41].

Vê-se, assim, que bravura, coragem, determinação e fidelidade não faltavam entre as qualidades do herói guerreiro. Essas mesmas

---

Nunes. Rio de Janeiro: Ediouro, sem data de publicação, p. 330.
[39]*Ibid.*, p. 335.
[40]*Ibid.*, p. 329
[41]*Ibid.*

qualidades são reconhecidas pela gratidão do rei, que justamente cumula-o de honrarias, chegando mesmo a atribuir-lhe o título de barão de Cawdor — tal como antevisto pelas feiticeiras — após a gloriosa vitória por ele obtida[42]. Será o encontro com as bruxas na charneca que, após a batalha, transformará fatalmente o destino de Macbeth.

Na charneca

A charneca, tal como a ilha, a tempestade e o bosque, constitui um desses cenários emblemáticos da dramaturgia de Shakespeare. O poeta reserva às cenas aí transcorridas um caráter transcendental, metafísico e eterno. Pantanoso, vaporoso, sombrio, sulfuroso, inóspito, sinistro e inquietante, esse ambiente é paradoxalmente propício ao desnudamento, aos olhos do protagonista, de sua própria verdade e miséria. Quem poderá esquecer a desolação moral de Lear revelar-se, na charneca, tão mais devastadora do que a tempestade que ali sobre ele se abatera?

Na charneca, despido dos brilhos e cuidados da vida cotidiana, o protagonista vê emergir, envoltos em tênue bruma, os contornos de seu próprio desejo sob um fundo de crua explicitação do desamparo da condição humana. Ética e artisticamente empenhado em operar como "espelho da natureza", o teatro shakespeareano busca confrontar o homem com sua verdade mais radical, por vezes recorrendo à encenação mesma desse momento: o do encontro trágico do personagem com o oculto em sua alma e com o insuportável da finitude humana.

---

[42] Não deixa de ser significativo o fato de que o título nobiliário ofertado a Macbeth como sinal de reconhecimento do rei pertencia até então ao traidor que aquele acabara de derrotar.

Contudo, na poética de Shakespeare, como na vida, tal explicitação não se realiza jamais no engodo da objetivação, mas evoca-se, por assim dizer, obliquamente, no equívoco da cena e na polissemia da palavra. Nessa perspectiva, a charneca é o palco mesmo da emergência do inquietantemente familiar, do sinistro, do *Unheimliche* freudiano, daquela dimensão do angustiante que inquieta justamente porque, no seio mesmo de sua estranheza, descortina-se o mais íntimo, o mais familiar em nós, mas que não suportamos reconhecer como tal.

No lodaçal, segundo as ambíguas palavras das feiticeiras, Macbeth escuta seu próprio desejo, passando a experimentar excitação e angústia diante de tal revelação:

1ª bruxa: — Viva, viva Macbeth! Nós te saudamos, thane de Glamis!
2ª bruxa: — Viva, viva Macbeth! Nós te saudamos, thane de Cawdor!
3ª bruxa: — Viva Macbeth, que há de ser rei mais tarde![43]

Em seguida, as bruxas dirigem-se a Banquo, após saudá-lo:

1ª bruxa: — Menor do que Macbeth, porém maior!
2ª bruxa: — Não tão feliz, mas muito mais feliz!
3ª bruxa: — Gerarás reis, embora rei não sejas![44]

O efeito sobre Macbeth das ambíguas profecias por elas proferidas deve ser examinado em maiores detalhes, assim como a tensa

---

[43] SHAKESPEARE, W. Macbeth. In: *Teatro completo: tragédias*. Tradução de Carlos Alberto Nunes. Rio de Janeiro: Ediouro, sem data de publicação, p. 331.
[44] *Ibid.*

relação entre ambição e hesitação manifestada pelo protagonista. É bem verdade que Macbeth é apresentado como um homem profundamente ambicioso. De fato, seu primeiro encontro com as bruxas na charneca acende nele a volúpia de tornar-se rei e de ver realizadas as gloriosas predições que escutara.

Nesse primeiro encontro com as feiticeiras, Macbeth não conhecia ainda a intenção do rei de atribuir a ele o título de *thane* de Cawdor, o que só ocorreria logo em seguida. Quando tal previsão se confirma, Macbeth jubila: "Glamis e thane de Cawdor... O maior virá a seu tempo"[45]. Contudo, como bem lembra Harold Bloom, "as bruxas nada acrescentam àquilo que já está na mente de Macbeth"[46]. Na verdade, suas palavras apenas excitam ambições e fantasias que jaziam abafadas há muito em seu espírito.

Dessa forma, embriagado pelas promessas que descortinava diante de si, Macbeth mergulha em sua própria imaginação: "Meu pensamento no qual o crime por enquanto é apenas um fantasma, a tal ponto o pobre reino de minha alma sacode, que esmagada se torna a vida pela fantasia, sem que haja nada além do que não é"[47].

Surpreendido, em seguida, por seus companheiros em suas reflexões arrebatadoras, Macbeth comenta: "Desculpai-me; mas meu pesado cérebro se ocupava com coisas esquecidas"[48].

Observa-se, assim, que a ambição e as tendências homicidas e, talvez, em última instância, propriamente parricidas estavam adormecidas, mas vivas em seu desejo. Entretanto, a reativação da volúpia narcísica que tais fantasias comportavam através das ambíguas

---

[45] *Ibid.*, p. 332.
[46] BLOOM, H. *Shakespeare: a invenção do humano*. Tradução de José Roberto O'Shea. Rio de Janeiro: Objetiva, 2000.
[47] SHAKESPEARE, W. Macbeth. In: *Teatro completo: tragédias*. Tradução de Carlos Alberto Nunes. Rio de Janeiro: Ediouro, sem data de publicação, p. 333.
[48] *Ibid.*

e sedutoras palavras das feiticeiras não foi suficiente, por si só, para colocar em marcha uma tomada de posição em relação ao regicídio e à usurpação. Excitado, Macbeth continuava, contudo, a hesitar. Sua natureza era "cheia de leite da bondade humana"[49], que não lhe permitiria o primeiro atalho.

Do desejo ao ato, faltaria ainda a intervenção decisiva de outro protagonista: Lady Macbeth.

Lady Macbeth ou Macbeth e seu duplo

Em sua biografia de Shakespeare, Park Honan assinala que Macbeth "é aquele tecido de complexidades que sua mulher ajuda a revelar"[50]. De fato, como veremos, Lady Macbeth tem um papel decisivo no encaminhamento do desejo do marido, revelando-o a ele próprio e interpelando sua ambição em todas as suas consequências e em toda a sua radicalidade. Freud, por sua vez, em seu estudo sobre *Macbeth* acima mencionado, destaca a enorme transformação do caráter daquela mulher, inicialmente cruel e decidida, mas que acaba fraquejando e se suicida.

Assim, mal terminara de ler a carta de seu marido relatando o prodigioso encontro com as feiticeiras e as magníficas previsões que delas escutara, Lady Macbeth concebe não apenas o assassinato do rei, como também a necessidade de instigar no hesitante marido a determinação para sua concretização. Na verdade, seria mais exato dizer que ela consegue ler o desejo ambicioso e homicida do marido dissimulado no texto de sua carta e em sua própria alma, bem como sua vacilação em passar ao ato que realizaria suas aspirações. Em seu solilóquio, proferido nesse momento,

---

[49]*Ibid.*, p. 334.
[50]HONAN, P. *Shakespeare: uma vida.* São Paulo: Companhia das Letras, 2001, p. 403.

Lady Macbeth atua como intérprete do desejo e das hesitações do esposo: "Desejaras ser grande, e não te encontras destituído, de todo, de ambição; porém careces da inerente maldade. O que desejas com fervor, desejaras santamente; não queres jogo ilícito, mas queres ganhar mal"[51].

A questão sexual assume aqui o primeiro plano. A medonha evocação dos espíritos que escutam os pensamentos mortais, proferida pela futura rainha, realizada para que esta não se deixe levar pela ternura de sua feminilidade, assombra por sua crua determinação: *unsex me* — "tirai-me o sexo, cheia me deixando, da cabeça até aos pés, da mais terrível crueldade"[52].

Investida dos atributos viris de determinação e de força, Lady Macbeth avança com implacável retórica sobre o marido, atingindo-o justamente na coragem que deveria acompanhar a responsabilização por seu próprio desejo: "Tens medo de nos atos e coragem mostrar-te igual ao que és em teus anelos?"[53]. Ou ainda, um pouco mais adiante, quando afirma: "qual poltrão vive em tua estima, deixando que um 'Não ouso' vá no rasto de um 'Desejara', como o pobre gato de que fala o provérbio?"[54].

Em certos momentos, o próprio sono e a sonolência do marido são por ela tratados como sinais de fraqueza da vontade e frouxidão em colocar em marcha a realização concreta do próprio desejo. Diante da hesitação de Macbeth em levar a cabo seu plano regicida, a mulher brada: "Encontra-se embriagada a esperança que até há pouco vos revestia? Adormeceu, decerto [...]"[55].

---

[51]SHAKESPEARE, W. Macbeth. In: *Teatro completo: tragédias*. Tradução de Carlos Alberto Nunes. Rio de Janeiro: Ediouro, sem data de publicação, p. 334.
[52]*Ibid.*, p. 335.
[53]*Ibid.*, p. 337.
[54]*Ibid.*
[55]*Ibid.*

Assim, era a própria dignidade fálica do general que era colocada em questão por sua esposa. Ora, ambos partilhavam da mesma sede de poder e de glória. Contudo, em um primeiro momento, somente Lady Macbeth encarnava a determinação em abandonar qualquer escrúpulo moral no sentido de concretizar seus sonhos de grandeza. Macbeth hesita e, ao ceder às provocações da esposa — o que significa ceder à própria ambição hesitante -, ele encontrará sua ruína.

É, portanto, digno de nota o efeito de tomada de posição subjetiva, no sentido da passagem ao ato criminoso, que as palavras de Lady Macbeth tiveram sobre o marido, fazendo-o sair da hesitação e assassinar o rei com as próprias mãos. Ela se mostrava, aos olhos de Macbeth, como resoluta, destemida, cruel e esperando dele a coerência entre seus desejos e seus atos. Sua postura era, a um só tempo, desafiadora e interpelante da virilidade do esposo: "Que animal foi, então, que teve a ideia de me participar esse projeto? Quando ousastes fazê-lo éreis um homem, e querendo ser mais então do que éreis tanto mais homem a ficar viríeis"[56].

Os ataques da futura rainha à dignidade fálica do general de alguma forma encontram eco em Macbeth. Talvez ele próprio, tão ocupado que estava com suas guerras e com seus sonhos de grandeza até então adormecidos, guardasse em si questões não resolvidas com a própria virilidade. Talvez a força brutal explícita naquela mulher tivesse para ele algo de intimidante ou mesmo de humilhante. E possivelmente sua incapacidade em produzir filhos, garantindo, assim, sua descendência, desempenhava um papel maior nesse contexto. De qualquer forma, as palavras da esposa acabam por precipitar Macbeth na ação regicida e na assunção de seu sonho de poder.

---

[56]*Ibid.*

Após consumado o assassinato de Duncan pelas mãos de Macbeth, sua esposa o repreende duramente por este haver trazido consigo as provas incriminadoras: os punhais manchados de sangue. Diante da recusa do marido em retornar à cena do crime, Lady Macbeth exclama: "Oh! que vontade fraca! Dai-me as armas. Os mortos e os que dormem são pinturas, nada mais"[57]. Sono e morte são mais uma vez aqui equiparados e destituídos de qualquer caráter ameaçador.

Em seguida, ela própria vai aos aposentos reais, besunta de sangue os rostos dos guardiões adormecidos pela bebida envenenada que lhes oferecera pouco antes e deixa as adagas junto a eles para friamente os incriminar. Até esse momento da peça, a sanguinária personagem não mostra qualquer hesitação ou escrúpulo. Ao contrário, tal como propunha Freud, Lady Macbeth parecia encarnar o Outro lado da personalidade de seu marido. Lá onde ele hesitava na ação, ela o instigava ou mesmo, como nessa cena, realizava com suas próprias mãos os atos necessários para a concretização dos desejos inconfessáveis de ambos. Como *alter ego* de Macbeth, sua esposa lia-lhe o coração, explicitava seus desejos mais sórdidos e não hesitava diante dos imperativos de sua execução. Diante da natureza "por demais banhada no leite da bondade humana" do marido, Lady Macbeth encarna o Mal e seus "espíritos sinistros" que aquele teme assumir.

A transitividade entre os dois personagens é, portanto, evidente. Ela é intérprete e instigadora dos desejos do marido, que são os dela própria. Ele, a seu turno, não deixava de provocá-la a instigá-lo ao Mal. Por que, então, haveria ele de mencionar, na carta que escrevera à esposa relatando os prodigiosos ditos das feiticeiras, que elas

---

[57]*Ibid.*, p. 340.

se desvaneceram no ar justamente "quando eu ardia em desejos de continuar a interrogá-las"[58]. Tratava-se, claramente, de um desejo ardente que provavelmente ambos já conheciam, mesmo que não lhes fosse explícita a verdadeira extensão de tal ardência. E por que escreve Macbeth que tomou a iniciativa de comunicar a ela tais eventos "para que não viesses a perder a parte que te cabe dessa felicidade, com ignorares o futuro que te está prometido"[59], sendo que a Lady Macbeth as feiticeiras nada prometeram ou predisseram?

A questão da mancha deixada pelo sangue da vítima constitui outro exemplo notável da imbricação dos dois personagens. Assim, logo após o assassinato do rei Duncan, Macbeth apavora-se com os restos de sangue sobre suas mãos e inquieta-se, dizendo que nem todo o oceano seria capaz de lavá-las e que, ao contrário, são elas que tingirão todo o mar de vermelho. Ao que Lady Macbeth responde: "De vossa cor as mãos agora tenho; mas de possuir ficara envergonhada um coração tão branco"[60].

Contudo, ao fim da peça, mergulhada em sua loucura, a desafortunada rainha apavora-se com a simples possibilidade de suas mãos não voltarem jamais a estar limpas e que seu "odor de sangue" não desapareça nem com "todo o perfume da Arábia"[61]. Nesse momento, totalmente indiferente à culpa ou à dor, Macbeth encontra-se em luta desesperada para manter o poder e para sobreviver aos reveses decorrentes de seus crimes. As posições de ambos se tornam especularmente trocadas, em sinistra simetria.

Por fim, a morte de Lady Macbeth ocorre pateticamente por um suicídio imerso na culpa e na loucura, enquanto Macbeth, agora

---

[58]*Ibid.*, p. 334.
[59]*Ibid.*
[60]*Ibid.*, p. 340.
[61]*Ibid.*, p. 363.

resoluto em sua determinação de manter-se no poder e em escapar ao castigo por seus crimes, vai progressivamente se dando conta de que foi traído pelo próprio desejo e pelas próprias ilusões, mobilizadas pelas ambíguas palavras das feiticeiras: "que não sejam cridos jamais esses demônios falsos que nos enganam com palavras dobres e sustenta a promessa feita a nossos ouvidos, sem que a nossas esperanças intactas a deixem nunca"[62]. Mas de quem mesmo, em última instância, teria sido o equívoco?

Macbeth, o "assassino do sono"

Como vimos, o estado de adormecimento coloca o sujeito em uma condição objetiva de desamparo: ele depende da benevolência do ambiente — ou da eficácia das medidas preventivas tomadas durante a vigília — para não ser molestado durante seu repouso indefeso. A tensão dramática gerada pela exposição do homem que dorme (e com o qual identifica-se a plateia) à crueldade anônima do outro furtivamente desperto é vigorosamente explorada por Shakespeare. Basta lembrar que tanto em *Hamlet* quanto em *Macbeth* o assassinato dos reis ocorre durante o sono tranquilo desses. Em *Macbeth*, esse crime o transforma em "o assassino do sono".

"Quando Duncan se puser a dormir — e a rude viagem de hoje o convidará para isso mesmo — ambos os camareiros de tal modo dominarei com vinho"[63], sentencia Lady Macbeth. Assim, o assassinato do rei é ardilosamente planejado para o meio da noite, de modo que a ação encontre a vítima indefesa em seu repouso. Para garantir que não haja resistência por parte dos guardas, Lady Macbeth vai pessoalmente à antessala dos aposentos onde está o

---

[62]*Ibid.*, p. 368.
[63]*Ibid.*, p. 337.

rei para oferecer-lhes "bebidas quentes", às quais acrescentará uma droga para fazê-los... dormir. Dormindo, os guardas serão incriminados pela atrocidade cometida pelo casal e, ainda dormindo, serão executados pelas próprias mãos de Macbeth.

Com essa imagem do monarca assassinado durante o repouso e do sono ardilosamente imposto aos encarregados de velar pela segurança do sono inocente do rei, Shakespeare coloca em cena uma das mais terríveis fantasias infantis. Se considerarmos a figura do rei nos termos pelos quais Freud descreve a condição originária do bebê — *His Majesty, the Baby* —, totalmente imerso no narcisismo dos pais, vemos que seu sono é decorrência de uma entrega natural a um ambiente confiável sem que ele sequer coloque em questão o risco que envolve o(s) guardião(ões) que velam por seu sono. Nayra Ganhito descreve nos seguintes termos a "cena fundante" da possibilidade do adormecimento do bebê: "A mãe, antes mesmo dos sonhos advirem, é a guardiã do sono"[64]. Ora, com o crime daquela forma efetivado, é a própria cena fundante que se encontrará doravante atingida.

A peça coloca, pois, em cena o horror dos horrores: o guardião do sono passa a fazer parte da temática do sonho e já começa a ser concebido como alguém que pode fracassar em sua tarefa protetora de garantir o sono tranquilo: já não há mais qualquer ilusão de garantia absoluta de que tudo permanecerá em paz enquanto o sujeito repousa. A mãe torna-se real, ou seja, ela pode não estar lá no momento em que se faz mais necessária. Pode faltar a presença reasseguradora e calorosa que protege o sono e que, a princípio, em condições ordinárias, o sujeito sequer concebe como sendo um Outro. A questão da alteridade coloca-se cedo demais. E precocemente o

---

[64]GANHITO, N. *Distúrbios do sono*. São Paulo: Casa do Psicólogo, 2001, p. 14-15.

sujeito estará confrontado com uma tarefa paradoxal para a qual ainda não está preparado: ter de velar ele próprio por seu repouso, sem qualquer outra garantia.

Doravante, dormir comportará uma dimensão de risco insuportável. O guardião do sono é visto tal como ele é: castrado, falível, simplesmente humano. Diante dessa insuportável revelação, afirmaria Freud, o homem recorre à fantasia plena de desejo de que existiria um bondoso e todo-poderoso guardião invisível do guardião visível e mortal. Aparece, pois, a questão: a condição para o sono seria a da internalização da ilusão de um anjo da guarda maternal e protetor? Dependeria da ilusão fundadora de que o mundo é basicamente estável, confiável e protetor, a qual estabeleceria as bases da relação do sujeito com seu próprio mundo? Ou, ao contrário, seria possível entregar-se ao sono sem se esperar a proteção de qualquer guardião que seja? Na peça, o rei dorme protegido por seus guardas e é assassinado. Macbeth não dorme, luta sem descanso para não ser atingido pelos atos de vingança suscitados por seus crimes, mas também é assassinado.

Contudo, não é apenas o risco do Mal proveniente do outro que coloca em xeque a possibilidade do sono. É o próprio Mal, emergindo mais livre no silêncio e na penumbra da própria intimidade, que perturba e excita o sujeito.

Desperto no meio da noite, momentos antes de assassinar o rei, Macbeth exclama: "Em metade do mundo, neste instante, parece estar sem vida a natureza; os sonhos maus iludem sob as pálpebras o sono bem velado"[65]. É sob essa perspectiva que a consumação do Mal, excitante dos sonhos criminosos, resulta na perdição culposa e amedrontada da própria paz.

---

[65] SHAKESPEARE, W. Macbeth. In: *Teatro completo: tragédias*. Tradução de Carlos Alberto Nunes. Rio de Janeiro: Ediouro, sem data de publicação, p. 339.

"Não durmais! Glamis destruiu o sono!"[66]

A descoberta do assassinato do rei é ainda mais irônica no que diz respeito à analogia sono-morte, tão recorrente nessa peça. Macduff chega cedo pela manhã ao castelo de Macbeth, onde pernoitara o monarca, e busca saber: "O rei está acordado?". Em seguida, ele próprio toma a iniciativa de despertar Duncan nos seus aposentos, descobrindo, assim, o cadáver. Desesperado, brada Macduff: "Despertai! Despertai! [...] sacudi esse sono de penugem, simulacro da morte, e vinde a própria morte encarar!"[67]. A fragilidade da vida, que permite tão facilmente a passagem para a morte, fica assim explicitada no horror manifesto por Macduff.

Dormir e morrer; a morte e seu simulacro; a experiência da morte em vida e a tênue fronteira que separa os dois irmãos, Tânatos e Morfeu — todas essas dramáticas oposições se encontram expressas na cena.

A partir desse crime, Macbeth assume o trono da Escócia, realizando a previsão das feiticeiras. Ao mesmo tempo, iniciam seus terrores, pois os filhos de Duncan conseguiram fugir, e, sobretudo, porque os filhos de Banquo — aos quais havia sido prometido que seriam reis — permaneciam vivos.

"É indiferente fugir daqui ou combater na frente"[68]

É absolutamente notável na peça que, à medida que Macbeth se envolve mais profundamente na engrenagem de crimes colocada em marcha por sua ânsia de poder, tanto maior é seu desassossego

---
[66]Ibid., p. 340.
[67]Ibid., p. 342.
[68]Ibid., p. 367.

e sua impossibilidade de usufruir dos benefícios da gloriosa posição conquistada. O terror passa a ser a tonalidade mesma de sua existência. Seu poder é ilegítimo e instável, suas questões relacionadas à sua fertilidade e à sua dignidade fálica permanecem intocadas e o medo da retaliação provinda daqueles a quem feriu torna-se progressivamente mais concreto e insuportável.

O assassinato de Banquo e o retorno de seu fantasma em plena comemoração do acesso do usurpador ao trono são paradigmáticos dessa situação de impossibilidade de usufruir da suposta plenitude narcísica que a coroa lhe concederia. Banquo, amigo e companheiro de armas de Macbeth, coparticipante do fantástico encontro com as feiticeiras, passa, por isso mesmo, a ser visto como um perigo potencial. As bruxas haviam anunciado que seus filhos seriam reis. Além disso, Banquo talvez tivesse entrevisto as dissimuladas intenções homicidas de Macbeth contra o rei. Era, portanto, urgente para o usurpador eliminar o antigo companheiro, juntamente com seus descendentes.

O assassinato de Banquo é cuidadosamente planejado para que, de uma só ação, ele fosse abatido juntamente com o filho, Fleance. Contudo, os mercenários enviados para executar a tenebrosa missão encomendada por Macbeth concretizam apenas parcialmente sua tarefa, matando Banquo, mas deixando escapar seu filho.

Assim, Macbeth passa a ser assombrado não apenas pelo fantasma do amigo morto — que aparece justamente no momento da festa em que deveria comemorar a alegria de sua chegada ao poder —, como também pela sobrevivência do filho daquele, agora alçado à condição de potencial vingador. Macbeth perde a possibilidade de gozar das honras e das glórias de seu alto cargo e da paz dos momentos de repouso. Sua vida passa a ser assombrada por fantasmas de suas vítimas e pelo potencial retorno de filhos vingadores, fúrias atiçadas por sua própria loucura.

Ao mandar, em seguida, assassinar a família de Macduff, dessa vez Macbeth tem sucesso em matar o filho daquele que viria a ser seu próprio algoz. É interessante notar que, ao saber da notícia da chacina de seus familiares, Macduff exclama: "Ah! Ele não tem filhos!"[69]. Tudo se passa como se Macduff visualizasse com clareza as motivações pulsionais mais secretas dissimuladas naquele crime horrendo.

Macbeth, rei desafortunado que não deixaria descendência, em uma ânsia de assumir esse alto posto, terminou por reunir contra si uma horda de inimigos implacáveis e muito concretos: filhos buscando vingança pelos pais assassinados e pais que, tendo os próprios filhos mortos por Macbeth, preparavam-se para o combate e para a guerra contra o criminoso usurpador.

Em seu segundo encontro com as feiticeiras, dessa vez em uma caverna, procuradas por Macbeth para esclarecerem de vez o sentido enigmático de suas profecias, o protagonista é colocado na condição de espectador de aparições proféticas encarregadas de elucidar as dúvidas que o atormentavam.

A primeira aparição, sob a forma de uma Cabeça Armada, alerta-o para se precaver contra Macduff. A segunda aparição, uma criança ensanguentada, prevê que ninguém nascido de uma mulher poderia fazer mal a Macbeth. Finalmente, a terceira e última aparição — uma criança coroada segurando uma árvore na mão — provoca em Macbeth a seguinte reação: "Quem é que surge como descendente de um soberano e na infantil cabeça traz o fecho e diadema do comando?"[70].

O filho de um rei, tal como o que desesperadamente falta ao próprio Macbeth. É ele que revela ao rei que este não será vencido,

---
[69]Ibid., p. 362.
[70]Ibid., p. 355.

a menos que o grande Banquo de Birnan marche contra ele. Cabeças armadas, crianças ensanguentadas, filhos de rei: os fantasmas de Macbeth materializam-se sob a forma das aparições. As crianças feridas e assassinadas não faltam à cena de suas fantasmagorias — um dos ingredientes que as bruxas acrescentam ao caldo que fervem em seu caldeirão é, inquietantemente, o "dedinho de uma criança sem linho que matado a mãe houvesse sem dizer nenhuma prece"[71]. Macbeth conquista o trono ao preço de perder a paz justamente com seus fantasmas mais aterradores.

Incapaz de usufruir do poder conquistado e perseguido pelos inúmeros ofendidos por seus crimes, descortina-se aos olhos de Macbeth, com magnífica crueza, o engodo a que sua volúpia pela suposta plenitude fálica prometida pelo trono real o conduziu. A tal embriaguez — cega, plena de som e de fúria, cheia de consequências funestas, mas que, em última instância, nada significa — podemos, legitimamente, dar o nome de "paixão", à qual responde a noção de "psicopatologia" tal como decorrente do pensamento de Freud: o estudo dos padecimentos próprios às paixões subjetivas.

"Esses nossos atores eram todos espíritos e dissolveram-se no ar"

No fim da peça, ao receber a notícia da morte da esposa, Macbeth não demonstra mais qualquer surpresa. Ele já se havia engajado longe demais em uma cadeia inexorável de crimes e de horrores que o conduziriam à ruína. O rei era odiado, seu reinado estava sob perpétua ameaça, floresciam as conspirações e tentativas de golpe. Malcolm, Siward e Macduff reúnem um grande exército e

---
[71]*Ibid.*, p. 354.

partem ao ataque contra o castelo do usurpador. Disfarçados com as ramagens da floresta, os guerreiros dos vingadores realizavam a profecia de que a floresta de Birnam marcharia contra as colinas de Dunsinane. Sua mulher, outrora tão decidida e corajosa, sucumbira à loucura e ao suicídio. Não havia mais esperanças, o fim estava próximo, e o fundo de não sentido e de ilusão de tudo aquilo pelo que em breve morreria começava a se desvelar.

A declaração de Macbeth nesse momento dramático crucial constitui uma das passagens mais conhecidas da obra de Shakespeare, expressão maior do niilismo e da desilusão com a existência e com o mundo:

> O amanhã, o amanhã, outro amanhã, dia a dia se escoam de mansinho, até que chegue, alfim, a última sílaba do livro da memória. Nossos ontens para os tolos a estrada deixam clara da empoeirada morte. Fora! Apaga-te, candeia transitória! A vida é apenas uma sombra ambulante, um pobre cômico que se empavona e agita por uma hora no palco, sem que seja, após, ouvido; é uma história contada por idiotas, cheia de fúria e muita barulheira, que nada significa.[72]

Vemos aqui o patético descortinar de uma verdade extrema, quase insuportável. Macbeth vislumbra, com toda clareza, um dos extremos fundamentos de sua própria existência e, sem dúvida, do próprio ser humano: a dimensão de ilusão que sustenta o mistério de como é possível, do pó de que é feita a finitude humana, brotar alguma significação e sobre esse vazio estruturar-se um universo de significações compartilhadas. Todas as ilusões se arruínam

---

[72]*Ibid.*, p. 367.

e descortina-se a seus olhos a chama breve, plena de ilusões, sobre a qual edificava-se um universo que, contudo, prometia sentido. Descobre penosamente Macbeth que, tal como advertira Guildenstern em *Hamlet*, "a essência própria do ambicioso é apenas a sombra de um sonho"[73].

A turbulência do espírito de Macbeth, sua inquietação, sua impossibilidade de repouso, sua insônia, que o acompanham ao longo de sua trajetória trágica, são correlativos da paixão cega que seus sonhos de grandeza nele suscitavam. Orgulhoso de suas glórias de guerreiro, entorpecido pelas profecias das feiticeiras, encorajado pela determinação de sua esposa, Macbeth passa a ter a mente enfraquecida por coisas há muito tempo esquecidas. Tais coisas esquecidas retornam a seu desejo e passam a brilhar como luz que dá sentido a todas as ações, como promessa de glória que paga o preço de todos os crimes.

Arrastado por essa paixão ao sofrimento e à tragédia, Macbeth confronta-se com a loucura correlativa de sua *hybris*: "Nossos ontens para os tolos a estrada deixam clara da empoeirada morte". É diante do vazio de significado da morte a que conduzira sua ambição que Macbeth, fazendo-se sujeito de seu próprio desamparo, assume uma decisão que só pode se sustentar sobre seu próprio desejo: "Não me rendo [...] Vem, Macduff! E que por todos seja amaldiçoado quem primeiro gritar: 'Estou cansado'"[74].

Tal como havia proclamado pouco antes, quando a derrota final já se perfilava diante de seu horizonte, Macbeth reencontra

---

[73]SHAKESPEARE, W. *A tragédia de Hamlet, príncipe da Dinamarca*. Tradução, introdução e notas de Lawrence Flores. Ensaio de T. S. Eliot. São Paulo: Companhia das Letras, 2015, p. 96.
[74]SHAKESPEARE, W. Macbeth. In: *Teatro completo: tragédias*. Tradução de Carlos Alberto Nunes. Rio de Janeiro: Ediouro, sem data de publicação, p. 369.

seu orgulho guerreiro e sua honra de valoroso general: "Posso morrer, mas dentro da armadura"[75]. Foi essa atitude, a um só tempo altiva e louca, que inspirou Freud na imaginação de sua própria hora extrema.

E assim, o ambicioso general, rei pela usurpação, perece sob a espada de Macduff, aquele que não nasceu de mulher. Antes de morrer, contudo, teve tempo de constatar a ilusão de poder que o havia enlouquecido — sombra de um sonho — e o grave preço que haveria de pagar por sua cegueira. Sem possibilidades de resgate de sua existência a partir de tal descoberta, resta-lhe a trágica revelação da verdade de sua perdição e a dignidade de morrer, por sua própria decisão, em seu posto de guerreiro valoroso e destemido.

Encontrava, assim, Macbeth, não o sono, mas a própria morte. O repouso, talvez. Atravessando suas fantasias de impotência fálica e de restituição narcísica pela glória imaginária de ascender à posição de monarca, Macbeth descobre, por fim, a vacuidade desses sonhos e a visão crua da existência quando desabam todas as ilusões. Cabe-lhe a tomada de posição extrema e derradeira de dar seu sentido próprio para o sem-sentido fundamental de toda aquela luta: decide, dignamente, que a morte o encontrará em seu posto.

Essa mesma revelação de que as visões oníricas que parecem preencher o mundo de significado não passam de ar, de puro ar — sombra de um sonho —, expressa-se no fim de *A tempestade*, porém em um contexto que nada tem de niilista. Em sua última grande obra, Shakespeare parece querer demonstrar que uma outra modalidade de relação com o mundo e uma nova forma de paixão são possíveis após o desabamento das ilusões, fundando-as sobre a subjetivação do desvelamento do caráter meramente onírico das certezas

---

[75]*Ibid.*, p. 367.

e ideais que pareciam organizar a existência. Em outras palavras, o encontro do protagonista com a dimensão de "quintessência do pó" que qualifica os homens — ao menos aos olhos de Hamlet — não implica, pois, necessariamente, um esvaziamento melancólico do sentido da vida. Ao contrário, trata-se do momento crucial de se fazer sujeito de sua própria condição desejante, sem garantias, fundando seu percurso singular e escapando, assim, do apaixonamento louco e alienado em nome do qual Macbeth sacrificou seu sono, seu repouso e sua própria vida[76].

O mesmo desvelamento do oco arcabouço do mundo retratado em *Macbeth* aparece poética e liricamente sob a pena de Shakespeare no famoso monólogo de Próspero ao fim de *A tempestade*, quando este revela que todo aquele universo que parecia pleno de consistência para os habitantes da ilha era apenas ar, puro ar:

> Anime-se, senhor. Nossa diversão chegou ao fim. Esses nossos atores, como lhe antecipei, eram todos espíritos e dissolveram-se no ar, e, tal qual a construção infundada dessa visão, as torres, cujos topos deixam-se cobrir por nuvens, e os palácios, maravilhosos, e os templos, solenes, e o próprio Globo, grandioso, e também todos os que nele aqui estão e todos os que receberem por herança se esvanecerão e, assim como se foi terminando e desaparecendo essa apresentação insubstancial, nada deixará para trás um sinal, um vestígio. Nós somos esta matéria de que se fabricam os sonhos, e nossas vidas pequenas têm por acabamento o sono.[77]

---

[76]Sobre a incidência da subjetivação e da responsabilização pelo próprio desejo e pelo próprio desamparo no final da análise, cf. PEREIRA, M. E. C. O pânico e os fins da psicanálise: a noção de "desamparo" no pensamento de Lacan. In: *Percurso*, 19, 2º semestre, 1997, p. 29-36.
[77]SHAKESPEARE, W. *A tempestade*. Tradução de Beatriz Viégas-Faria. Porto Alegre: L&PM, 2013, p. 89.

Diante de tal revelação, Próspero quebra sua vara mágica e enterra seu livro de sortilégios, lançando-se à reconciliação com a vida, com o passado, com os amados e os inimigos, com o sono e com a própria morte. Trata-se, com efeito, da mesma revelação e da mesma descoberta em Macbeth e em Próspero. Constatando que sua ruína derivava de um sonho de poder que se sustentava, como toda a existência, no ar, em pleno ar, ainda assim Macbeth não se deixa arrastar pelo nada e morre em seu posto, lutando com bravura uma luta sem sentido, oferecendo, em sua derradeira fidalguia, "uma rosa para ninguém" (em uma retomada livre do célebre verso de Celan), como em última instância o foram todas as suas batalhas.

O desabamento de seu sonho permitiu muito mais do que a mera descoberta local dessa ilusão, ao revelar o fato de que nós (e o globo inteiro) somos feitos do mesmo estofo de que são feitos os sonhos.

Assim, sua pequena existência encontrava seu termo e seu repouso no sono da morte. E tal como em Hamlet, desfeitos os sonhos, para Macbeth o resto é silêncio.

O sono e o final da análise

Tragicamente confrontado com o desabamento dos véus que até então recobriam a radical falta de sentidos *a priori* e de garantias para a existência, Macbeth encontra-se cruamente confrontado com o Real. Ora, é essa mesma descoberta que prepara o final possível de uma análise, e é a partir de sua subjetivação que a verdadeira aventura principia. Macbeth e Próspero interpelam os psicanalistas ao encarnarem poeticamente esse encontro crucial do homem com seu próprio desamparo, atravessando um vale de sonhos e ilusões, ambições, angústias e insônia até que, confrontados com sua fantasia fundamental, em sua radical falta de substância — "the very substance of the ambitious is merely the shadow of a dream" —, terminam por dar um destino subjetivo, necessariamente singular, à incompletude que os constitui — sinistramente desiludido, no caso do usurpador da coroa da Escócia; mais propriamente erótico, no caso do legítimo duque de Milão.

Sobre esse fundo de desamparo — falta estrutural de garantias com a qual se debate o sujeito enquanto *falasser* (*parlêtre*, no feliz neologismo criado por Lacan) — inscrevem-se igualmente os traços das memórias mais pungentes e, por vezes, traumáticas e dolorosas de uma vida concreta. É assim que, já na abertura de *Aurélia ou Le rêve et la vie* [*Aurélia ou O sonho e a vida*, em tradução livre], um verdadeiro tratado literário sobre a melancolia[78], Gérard de Nerval explicita a grande encruzilhada na qual se encontra o sujeito ao se confrontar com as marcas das feridas e dos golpes que realmente se abateram em sua existência: "Cada um pode buscar em suas memórias a emoção mais dolorosa, o golpe mais terrível desferido na alma pelo destino; devemos, então, decidir morrer ou viver"[79]. Em uma sinistra clivagem, é importante que se tenha em mente: o personagem fictício do romance opta pela vida, enquanto o escritor dá-se à morte. Em última instância, "to be or not to be" é sempre a questão extrema que se coloca assintoticamente no horizonte de qualquer análise.

Macbeth permanece, de sua parte, mortificado e amargurado pela confrontação sem véus à falta radical de sentidos garantidos de forma *a priori* e absoluta para a existência, e com as consequências inevitáveis de seus erros trágicos. O ambicioso protagonista já não é

---

[78]Cf. PEREIRA, M. E. C. Melancolia e subjetivação em "Aurélia", de Gérard Nerval. In: BARTUCCI, G. (org.) *Psicanálise, literatura e estéticas da subjetivação*. São Paulo: Imago, 2001, p. 223-250.
[79]NERVAL, G. *Aurélia ou Le rêve et la vie*. Paris: Garnier-Flammarion, 1972.

mais capaz de investir sua condição estrutural de falta e de incompletude com um desejo singular, erótico e decidido. Sua atitude em face do descortinar inclemente de sua condição de desamparo e das consequências irreversíveis de seus atos é de desabamento de todo o sentido e de desinvestimento amoroso de seu estar no mundo:

> Quase esqueci que gosto tem o medo. Já houve tempo em que um só grito, à noite, gelados os sentidos me deixava [...] Entupi-me de tal modo com coisas pavorosas, que o horror, já agora familiar das minhas cogitações de morte, não consegue abalar-me o mínimo.[80]

Que sono é, portanto, ainda possível ao sujeito que descortina a radicalidade de seu desamparo e as letras, por vezes traumáticas, dolorosas e mesmo cheias de culpa efetivamente inscritas em sua história e em seu corpo? Macbeth, atravessando toda a desilusão possível de sua ambição desmesurada, foi capaz de sustentar, mesmo diante da morte, esse resto de dignidade que, para ele, consistia em não tombar sem luta, ainda que nada mais fizesse sentido. Tal nobreza, contudo, ainda que lhe aplacasse o absurdo que lhe parecia a vida, não lhe restituiria o sono.

Para isso, um passo a mais teria sido necessário: a assunção subjetiva de uma *Bejahung* fundamental, de uma afirmação determinada (e erótica) diante da condição de instalação na vida e no corpo a que estamos condenados enquanto seres de linguagem. Mas o que teria se passado para que tal afirmação não pudesse se produzir? Condições ligadas à implacável necessidade estrutural do "automaton"? A imprevisível contingência encarnada pelas três feiticeiras,

---

[80] SHAKESPEARE, W. Macbeth. In: *Teatro completo: tragédias*. Tradução de Carlos Alberto Nunes. Rio de Janeiro: Ediouro, sem data de publicação, p. 366.

as Moiras, senhoras da insondável *Tyke*? Esses elementos relevam do Real de que se sustenta o "umbigo dos sonhos", resto perpetuamente renovado, mesmo após cada esforço sincero de se traduzir integralmente o real no campo das palavras: "Words, words, words", diria Hamlet.

Sob essa ótica, o desamparo e a correlativa ausência de sentidos metafísicos, garantidos eterna e universalmente por algum projeto eterno e superior benevolente, não constituem de maneira linear e necessária o arremesso do ser no desespero. Ao contrário, trata-se da fundante condição de abertura — e do pouco de liberdade de que dispomos — de investir eroticamente, desejosamente, responsavelmente, a vida e sua inscrição singular no laço social. "Tudo na vida começa por um 'sim'"[81], diria freudianamente a abertura de *A hora da estrela*.

E quanto à fatuidade da existência e à inevitabilidade da morte? "The readiness is all", talvez nos respondesse Hamlet. Uma ética do bem-dizer, inseparável de sua correlativa estética, emerge, assim, como pontos de aproximação entre o final de análise e a possibilidade para o sujeito de se entregar à experiência erótica do sono, mesmo sem garantias eternas e absolutas.

Proponho, portanto, que interrompamos aqui essas claudicantes reflexões sobre o assassinato do sono perpetrado por Macbeth, pois, como afirma Christopher Sly, o bêbado dorminhoco da abertura de *A megera domada*: "Vai-se o tempo, e ninguém fica mais moço"[82].

---

[81]LISPECTOR, C. *A hora da estrela*. Rio de Janeiro: Francisco Alves, 1995.
[82]SHAKESPEARE, W. *A megera domada*. Tradução de Bárbara Heliodora. São Paulo: Saraiva, 2012.

Sim ou *não*

A angústia e a voz do Outro[1]

Insônia e angústia: um conto

Trata-se aqui do problema da incidência do Outro[2] como interpelante incontornável dessa experiência afetiva aparentemente solipsista e solitária: a angústia. O Outro da angústia e os abalos por ele provocados no campo do corporal — eis a questão. Em particular, interessar-nos-á examinar o abalo do sono, produzido quando a súbita irrupção do Outro se dá de forma excessivamente crua e sem anteparos durante o adormecer.

Para abordarmos tal objeto teórico, tão distante de nossas intuições imediatas, tomaremos recurso, freudianamente, em um suporte literário que nos permitirá colocar e articular os termos da questão. Partiremos de uma pergunta contundente que aparece no

---

[1]Este capítulo é uma versão modificada do artigo PEREIRA, M. E. C. Sim ou não? A angústia e a voz do Outro. In: BESSET, V. L. (org.) *Angústia*. São Paulo: Escuta, 2002, p. 105-116. Agradecemos a Vera Lopes Besset, organizadora do livro, e à Editora Escuta, que, através de sua diretora, Cristina Rios Magalhães, autorizaram a publicação aqui deste texto.
[2]LACAN, J. (1954-1955) *O seminário, livro 2: o eu na teoria de Freud e na técnica da psicanálise*. 4ª edição. Tradução de Marie Christine Laznik Penot. Rio de Janeiro: Zahar, 1995.

famoso conto "Insônia", de Graciliano Ramos, publicado em 1947. Em certo momento do texto, o protagonista, desesperado, interroga-se sobre a terrível angústia que subitamente lhe interrompera o sono: "Como é possível uma voz apertar o pescoço de alguém?"[3].

Assim colocada, essa questão remete ao cerne da angústia enquanto experiência existencial: um estreitamento sufocante do campo da vivência subjetiva, implicando o corpo e ameaçando a vida. A própria etimologia da palavra "angústia" evoca uma contração do espaço vital, experimentada como opressora e sufocante (deve-se lembrar que os substantivos latino *anxio* e grego *angor* significam, respectivamente, tormento e aperto ou constrição física). Nesse mesmo sentido, "apertar o pescoço", "estreitar", "sufocar", "estrangular" são todas expressões da língua que recobrem o campo semântico da experiência corporal do angustiante. Falar da "angústia" implica, portanto, refletir sobre uma vivência inquietante e mortífera, vivida concretamente no corpo.

Em outra passagem, diz o narrador: "tenho um nó na garganta, unhas me ferem, uma horrível gravata me estrangula"[4]. Ou seja, a sensação de opressão e de morte instala-se no plano corporal, sendo sua origem atribuída à ação de um obscuro agente estrangeiro ao eu. Como afeto, a angústia é passivamente sofrida, padecida, pelo sujeito. Em "Insônia", a causa desse sofrimento é imputada a Outro que jamais se revela claramente, mas se manifesta de forma brutal e invasiva.

Tudo começa subitamente (*plötzlich*), sem avisos e preparação, no meio da noite, no meio do sono: "Sim ou não? Esta pergunta surgiu-me de chofre o sono profundo e acordou-me. A inércia

---
[3] RAMOS, G. Insônia. In: *Insônia*. 33ª edição. Rio de Janeiro: Record, 2021, p. 12.
[4] *Ibid.*, p. 11.

findou num instante, o corpo morto levantou-se rápido, como se fosse impelido por um maquinismo"[5].

O parágrafo seguinte é ainda mais explícito, exprimindo de forma inequívoca a vivência de injunção concreta da parte de outro — misterioso e indeterminado — sobre o corpo do protagonista-narrador. A angústia experimentada nada mais era que as impressões sensoriais extremas despertadas por aquele ataque corporal.

Diz, pois, o texto:

> Sim ou não? Para bem dizer não era a pergunta, voz interior ou fantasmagoria de sonho: era uma espécie de mão poderosa que me agarrava os cabelos e me levantava do colchão, brutalmente, me sentava na cama, arrepiado e aturdido.[6]

Todo o conto será um esforço para retratar e compreender essa terrível vivência de morte e de ameaça. Era preciso, sobretudo, explicar o fato de que a perturbação parecia ser provocada pela intervenção concreta de outro, indeterminado, mas eficaz: "Nunca ninguém despertou de semelhante maneira. Uma garra segurando-me os cabelos, puxando-me para cima, forçando-me a erguer o espinhaço, e a voz soprava aos meus ouvidos, gritava aos meus ouvidos: 'Sim ou não?'"[7].

A personagem esforça-se para não pensar, para "não desejar"[8], para continuar a dormir. Precisava transformar-se em "bicho inferior, planta ou pedra"[9], afundando-se no colchão. Era sua humanidade que, a um só tempo, o ameaçava e que estava ameaçada.

---

[5] Ibid., p. 7.
[6] Ibid.
[7] Ibid.
[8] Ibid.
[9] Ibid.

Contudo, "de repente a modorra cessou, a mola me suspendeu e a interrogação absurda me entrou nos ouvidos: 'Sim ou não?'"[10].

Doravante, tudo à sua volta parecia harmonizar-se sinistramente com aquela interpelação sem sentido, repetindo a mesma questão apavorante: "Sim ou não? A pergunta corta a noite longa. Parece que a cidade se encheu de igrejas, e em todas as igrejas há sinos, tocando lúgubres: 'Sim ou não? Sim ou não?' Por que é que estes sinos tocam fora de hora, adiantadamente?"[11]. O ambiente inteiro impregnava-se do Mal que lhe invadira o sono. O enquadramento da cena aterrorizante, apenas delimitada pela *voz*, corria o risco de dissolver-se por todo o espaço, mergulhando o sujeito em uma atmosfera difusamente sinistra.

A vivência de loucura estava ligada ao caráter minimalista, mas brutal, daquela presença invisível e invasora: "Certamente aquilo foi uma alucinação", diz o protagonista, "esforço-me por acreditar que uma alucinação me agarrou os cabelos e me conservou deste modo, inteiriçado, os olhos muitos abertos, cheios de pavores"[12].

Eis aqui um dos aspectos mais paradoxais de seu estado anímico: seu pavor é tanto maior quanto menos o interpelador se revela, quanto mais ele se difunde, impreciso, por toda parte, quanto mais ele se resume a fragmentos não situáveis de voz ameaçadora e de discurso sem enredo. Da perspectiva do protagonista, melhor que fosse mesmo uma alucinação. Isso já seria uma forma de sentido.

"Que pavores? Por que tremo, tento sustentar-me em coisas passadas, frágeis, teias de aranha?"[13] Desesperado, o insone angustiado busca inscrever aquela voz em alguma cena, em um contexto que lhe dê significação.

---

[10]*Ibid.*, p. 8.
[11]*Ibid.*, p. 11.
[12]*Ibid.*, p. 8.
[13]*Ibid.*

"Sim ou não? Quem me está fazendo na sombra esta horrível pergunta? Com a golfada de luz que penetrou a vidraça, alguém chegou, pegou-me os cabelos, levantou-me do colchão, gritou-me as palavras sem sentido e escondeu-se num canto..." Mas quem? Por quê?

Mais adiante, o inquieto protagonista clama em pleno desespero: "Quem está aqui?"[14]. A poderosa pergunta que abre o *Hamlet* — "Quem vem lá?"[15] ("Who is there?") — encontra-se aqui, de alguma forma, dramaticamente reeditada. O fantasma dá sinais de sua presença, aproxima-se insidiosamente da cena do sono do protagonista. Mas dessa vez, em "Insônia", ele resume-se a uma *voz* e a uma *questão*. Aqui o fantasma não se dá a ver.

Seria mais apropriado descrever esse estado de coisas da seguinte maneira: elementos mínimos indicando a interpelação absoluta da parte do Outro implacável e autoritário, sem que um contexto significativo permita ao sujeito situar-se em face da injunção que lhe é endereçada e uma imagem permita inferir — na fisionomia e no olhar do Outro — suas intenções ocultas.

É o caráter peremptório da voz que dá o tom da radicalidade e da seriedade da situação. Autoritário, poderoso, ameaçador para o corpo, brutal e ilimitado, esse Outro invisível invade a cena, paralisa o tempo, dá mostras claras de que é com o sujeito que ele tem contas a acertar. Reduzida à dimensão de presença e da resolução daquele Outro sem rosto, a voz coloca o enigma e a urgência da decifração de seus desígnios implícitos.

Este é o núcleo da angústia daquele homem subitamente desperto: o invasor é poderoso, impele-me a uma resposta de graves consequências. Ele exige radicalmente algo de mim, uma tomada de

---

[14]*Ibid.*, p. 9.
[15]SHAKESPEARE, W. *A tragédia de Hamlet, príncipe da Dinamarca*. Tradução, introdução e notas de Lawrence Flores. Ensaio de T. S. Eliot. São Paulo: Companhia das Letras, 2015, p. 51.

posição, mas não se revela, a não ser pela evidência de sua presença perturbadora. Mas qual mesmo é sua pergunta? O que mesmo ele exige de mim?

Meu *ser* está implicado. Meu *corpo* ocupa um lugar central na interpelação desse Outro, que exige furiosamente algo de mim. Mas o quê? Quem serei eu a seus olhos? É vital decifrar a questão implícita: "O que queres tu de mim?". Contudo, o desejo do Outro não se traduz em uma demanda discernível em face da qual o sujeito possa se situar e, eventualmente, responder. Esse enigma indecifrável pode ter consequências mortais.

Diz o texto: "A pessoa invisível que me persegue não se contenta com a interrogação multiplicada: aperta-me o pescoço. Tenho um nó na garganta, unhas me ferem, uma horrível gravata me estrangula"[16].

Os elementos parciais a que se está exposto — a voz autoritária e a pergunta sem sentido — ganham seu valor terrorífico por remeterem a um Outro poderoso e indeterminado, cujos desígnios não são revelados a não ser nesse aspecto fundamental: teu ser me interessa! "Sim ou não? Como entraram aqui essas palavras? Por onde entraram essas palavras?"[17] Eis a questão — a voz do Outro desgrudou-se do enredo que lhe daria sentido e permitiria que eu me situasse, enquanto *ser*, em face do seu desejo. Por ora, apenas sei que lhe desperto incontornável interesse. Mas a que título?

Esmagado por essa interpelação absoluta e absurda, sem conseguir contorná-la ou inscrevê-la, a personagem se resigna à sua condição, sem, contudo, resolvê-la. De alguma maneira, o protagonista

---

[16] RAMOS, G. Insônia. In: *Insônia*. 33ª edição. Rio de Janeiro: Record, 2021, p. 11.
[17] *Ibid.*, p. 13.

se entrega ao Outro, deixando-se aniquilar e devorar: "Toda a carne fugiu, apodreceu e foi comida pelos vermes. Um feixe de ossos, escorado à mesa, fuma. Um esqueleto veio da cama até aqui, sacolejando, rangendo"[18].

O sujeito sucumbe a seu terror, entregando inteiramente seu corpo e sua humanidade ao que supõe ser a *demanda do Outro*, sentindo-se devorado em um festim gozoso.

Termina assim o conto:

> Desejaria conversar, voltar a ser homem, sustentar uma opinião qualquer, defender-me de inimigos invisíveis. As ideias amorteceram como a hora do cigarro. O frio sacode-me os ossos. E os ossos chacoalhando a pergunta invariável: "Sim ou não? Sim ou não? Sim ou não?"[19]

Coloca-se, assim, de forma decisiva, a questão do topos daquela voz. Ela invade o espaço íntimo do quarto, o recanto intimíssimo do sono, mas é vivida como um não eu, ou antes, como a presença incontornável de um não eu — misterioso — que me interpela. De onde teria ela provindo? A que Outro ela remete?

Angústia: uma perspectiva lacaniana

Com o seminário A *angústia*[20], proferido nos anos de 1962-1963, Lacan responde à crítica de que sua teoria seria excessivamente racionalista, passando totalmente ao largo do aspecto central da experiência psicanalítica: o afeto.

---

[18]*Ibid.*, p. 12.
[19]*Ibid.*, p. 14.
[20]LACAN, J. (1962-1963) *O seminário, livro 10: a angústia*. Tradução de Vera Ribeiro. Rio de Janeiro: Zahar, 2005.

Lacan explicita desde o início que considera a angústia um afeto de pleno direito, uma expressão subjetiva da afetação do ser. Contudo, não se trata de considerar os afetos, e em particular a angústia, uma expressão anímica do sujeito em seu estado bruto, pura manifestação vital de sua afetação pela experiência. Nessa perspectiva, o afeto só se constitui em relação à rede significante, sendo ela quem lhe oferece possibilidade de significação subjetiva. É apenas em relação a determinada constelação significante que, por exemplo, um toque corporal qualquer pode ser interpretado subjetivamente como carinho ou como violência. O afeto corresponde à expressão anímica e vivencial da significação singular decorrente daquela constelação simbólica. Ou seja, na perspectiva do seminário 10, o afeto não é significante, mas algo produzido nos interstícios de suas malhas. Assim, o caminho para abordar o afeto na clínica psicanalítica seria o da dimensão do significante.

O que caracteriza a angústia, segundo Lacan, é justamente o fato de ela ser um afeto especial, ou o próprio afeto fundamental, na medida em que se constituiria inteiramente à deriva em relação ao significante, por ser um afeto desarrimado.

Retomando sua tese segundo a qual "o desejo do homem é o desejo do Outro"[21], Lacan mostra como a angústia se instala no momento em que o sujeito se percebe como implicado no desejo do Outro sem, contudo, conseguir situar-se em relação à demanda que o Outro parece lhe dirigir. Lacan recorre aqui à sua famosa alegoria do louva-a-Deus para explicar a desarrimação da angústia em relação à cadeia significante. Ele constrói a imagem de um sujeito colocado com uma máscara diante de uma fêmea de louva-a-Deus gigante, que o olha fixamente. Sabendo que a fêmea do

---

[21]*Ibid.*, p. 31, aula de 21 de novembro de 1962.

louva-a-Deus costuma devorar seu parceiro ao término do ritual amoroso, a angústia do sujeito decorre do fato de se perceber interpelado pelo desejo do Outro, sem saber ao certo que imagem ele próprio sustenta ante o olho do Outro. Um ponto, contudo, não deve ser menosprezado: é antes de tudo enquanto *corpo* que o sujeito interessa ao olhar e a eventual voracidade de seu parceiro.

Em seu comentário sobre o seminário A *angústia*, Harari lembra que no pensamento do psicanalista francês todas as imagens nirvânicas de retorno ao ventre materno devem ser situadas antes de tudo como o correspondente, no nível do sujeito, da aspiração fundamental do Outro materno arcaico: a reintegração, no próprio ventre, de seu produto[22].

Ora, o neurótico faz de sua castração a garantia da continuidade do funcionamento do Outro enquanto instância legislativa. Não é tanto a nostalgia do ventre materno que engendra a angústia, mas tudo aquilo que anuncia a possibilidade — e mesmo a iminência — desse retorno. Dito em outras palavras, a angústia se instala quando se descortina ao sujeito o risco de rompimento dos limites que o separam d'a Coisa originária, quando não há mais falta a partir da qual desejar. Assim, quanto mais imediato o risco de que a falta estruturante do desejo possa vir a faltar, mais urgente a necessidade de instituir o Outro na posição de uma autoridade consistente, sustentando a separação e o corte.

O aforismo de Lacan que expressa seu ponto de vista quanto à intencionalidade da angústia é bastante conhecido: a angústia não é sem objeto. Rejeitando as fórmulas clássicas da psiquiatria que distinguem a angústia do *medo* pela presença neste de um objeto da

---

[22]HARARI, R. *O seminário "A angústia" de Lacan: uma introdução*. Porto Alegre: Artes e Ofícios, 1997.

realidade desencadeante do afeto, Lacan propõe que a angústia é provavelmente a única forma de tradução subjetiva do objeto *a*. É a proximidade desse objeto que instala a inquietação aniquilante que caracteriza aquele afeto.

A formulação lacaniana sobre a angústia indica que este afeto não deixa de ter objeto, mas não segundo uma modalidade mundana, intencional, da realidade, transitiva, como no objeto do medo. Caberia aqui até mesmo interrogarmos que angústias mobiliza, em um sujeito singular, o objeto de seu medo. Vê-se, pois, que esse objeto — "a", em ocorrência — tem um estatuto antes lógico que ontológico.

No seminário A *angústia*, Lacan delimita o objeto *a* como constituindo o *resto* de uma operação de divisão do sujeito originário — só é concebível em um plano mítico — pelo Outro da linguagem, resultando em um sujeito barrado pelo significante, mas deixando um resto inassimilável e intraduzível no simbólico: o objeto *a*.

Resto do mergulho arcaico do ser na Coisa materna da alienação originária, o objeto *a* provém da intersecção do sujeito com o campo do Outro. Dessa forma, o objeto *a* funciona como fachada e como promessa de reencontro com um suposto gozo absoluto atribuído ao Outro. É justamente essa dimensão de semblante que delimita o âmbito da falta, criando uma circunscrição do vazio, sem que isso implique a aniquilação engendrada pela difusão sem fim do Nada.

O objeto *a* não constitui, portanto, o objeto intencional do desejo. Trata-se antes do elemento que sustenta, em sua fachada de promessa, o desejar, e não o Nada. Ou seja, o desejo é uma forma de relação à ausência, causado pela promessa brilhante de reencontro com a Coisa, sustentada pelo objeto *a*. Ao designar em certa altura de seu ensino o objeto *a* como "mais-de-gozar", Lacan destaca justamente que o que se busca no desejo é a restituição de uma completude perdida, de um gozo absoluto nunca de fato experimentado.

Este só existe como fantasia retrospectiva (*nachträgliche*), nostálgica, de um paraíso imaginariamente perdido, próprio ao ser constituído pela fala (*parlêtre*), que, ao entrar na dita-mansão (*dit-mansion*) simbólica da linguagem, termina por pagar "uma libra da própria carne"[23], que o lança na incompletude e na falta-a-ser (*manque-à-être*).

A fantasia fundamental do sujeito compõe uma lógica que dá enquadramento ao objeto *a*, de modo que o sujeito possa se situar em face desse objeto e, assim, dar consistência a seu desejo. Nesse sentido, a fantasia representa uma das fundações do mundo subjetivo, situando o Real para o próprio sujeito, tornando-o de alguma forma tolerável e subjetivável.

O objeto *a* constituiria assim uma espécie de tampão delimitante do vazio introduzido pela *castração*. A angústia, enquanto exposição crua ao objeto *a*, expressa a ameaça de que a falta estruturante produzida pela castração possa vir a faltar, lançando o sujeito no absurdo de a Coisa.

A instalação da angústia se dá, pois, naqueles momentos em que algo aparece no lugar de *a*, provocando um sentimento de inquietante familiaridade/estranheza. Essa presença excessivamente interpelante traz consigo — pela extrema fascinação que provoca — o perigo do desabamento da organização simbólica do mundo subjetivo. A falta começa a correr o risco de faltar. O vazio fica sob a ameaça de perder seus bordos, difundindo sobre todo o universo o *absoluto indiferenciado* do pleno gozo. A alienação absoluta e mortal no Grande Todo torna-se inquietantemente próxima.

Dessa forma, na experiência da angústia, revela-se aquilo com o qual o sujeito deve se confrontar no final da análise, aquele ponto

---

[23]LACAN, J. (1962-1963) *O seminário, livro 10: a angústia*. Tradução de Vera Ribeiro. Rio de Janeiro: Zahar, 2005, p. 139, aula de 23 de janeiro de 1963, tradução modificada.

de desamparo, de *Hilflosigkeit*, a partir do qual o homem já não pode esperar a ajuda de quem quer que seja, cabendo só a si mesmo o risco e a responsabilidade do destino a dar a seu próprio desejo. Em última instância, a angústia aponta para esse *desamparo fundamental*, que o objeto *a* — situado precisamente no lugar vazio do (-ϕ) da castração — de alguma forma faz a fachada de preencher e de indicar uma possível significação. Para além da garantia representada pela fantasia, pelo enquadramento do mundo sustentado pelo objeto *a*, o sujeito confronta-se com um desamparo fundamental, cuja assunção constitui, talvez, a única forma de liberdade efetivamente oferecida aos humanos. Angústia é crise, pois crise é encruzilhada, que exige uma tomada de posição em ato.

O desamparo e os apelos da Dama Branca: pesadelo e sexualidade

Uma terrível perturbação emerge do "sono profundo", materializada na "interrogação absurda" — "Sim ou não?".

Mais do que alucinação, "fantasmagoria ou voz interior", tratava-se de algo de consistente, de assustadoramente concreto: uma "mão poderosa", "uma garra" erguendo o sujeito pelos cabelos.

Até ali, indefeso, o sujeito repousava. Estava só, inocente, entregue à confiança de que seu dormir seria recolhimento, e não desamparo. Pode-se daí imaginar o risco constituído pela noite e pelo sono, quando o cansaço físico e o desejo de repouso fazem relaxar as defesas do Eu, permitindo a emergência onírica do recalcado, do traumático e do críptico[24].

---

[24] DERRIDA, J. (1982) Moi — La psychanalyse : introduction à la traduction / *L'écorce et le noyau* de Nicolas Abraham. Meta, 27(1), 72–76. Disponível em https://doi.org/10.7202/002543ar. Acessado em 24 de junho de 2021, às 15h20.

Diante dessa atmosfera generalizada do sinistro que se instala, a questão "Sim ou não?" e seu esforço por delimitar um perseguidor concreto já constituíam uma forma de circunscrever as ameaças. Contudo, nenhum inimigo consegue ser claramente discriminado. Um vulto, um ladrão, um rato, uma pessoa invisível, nenhum desses seres imaginários, construídos às pressas sob a pressão do desespero, é capaz de colocar um termo e atribuir sentido àquela interpelação louca e apavorante.

O protagonista necessita supor um agente, um responsável pelo mal que o espreita e interpela com sua potência aniquilante.

A invasão representada pela pergunta *sem sentido* remete a um horizonte sinistro de desestruturação da coerência simbólica do mundo: "Sim ou não? Estarei completamente doido ou oscilarei entre a razão e a loucura?"[25]. Uma condição de *inquietante estranheza* instala-se naquele ambiente familiar e íntimo, dedicado ao repouso. Em dado momento, por exemplo, uma faixa de luz que varre o quarto passa a adquirir novas e perturbadoras significações.

"Por que fui imaginar que este jato de luz é diferente dos outros e funesto?"[26]

Esta luz, "igual à que ontem me feriu os olhos", torna-se diferente, inquietante. Desesperadamente, o sujeito busca restabelecer a ordem cotidiana das coisas: "Arregalo os olhos, tento convencer-me de que a luz é ordinária, emanação de um foco ordinário aqui da casa próxima"[27]. Ou ainda: "Um relógio tenta chamar-me à realidade. Que tempo dormir? Esperarei até que o relógio bata

---

[25]RAMOS, G. Insônia. In: *Insônia*. 33ª edição. Rio de Janeiro: Record, 2021, p. 8.
[26]*Ibid.*, p. 9.
[27]*Ibid.*

de novo e me diga que vivi mais meia hora. Dentro desse horrível jato de luz"[28].

Essa inquietante estranheza pouco a pouco ganha vulto, e todo o universo parece reproduzir a mesma interpelação sinistra — "Sim ou não? a pergunta corta a noite longa"[29] —, toda a atmosfera torna-se ameaçadora e sinistra.

"Por que estão rindo? Hem? Por que estão rindo aqui no meu quarto?"[30]

Coloca-se aqui a dimensão do gozo do Outro. Esse Outro, fragmentário e disperso na *in(ex-)timidade* do quarto, dá mostras de gozar, de alguma forma, do desamparo e do terror do sujeito. "Eles" riem, se divertem. O festim diabólico implica a devoração da carne do sujeito, reduzido a mero esqueleto e a órbitas vazias: "Enforcaram-me, decompus-me, os meus ossos caíram sobre a mesa, junto ao cinzeiro, onde pontas de cigarro se acumularam. Estou só e morto"[31].

Diante do absurdo aniquilante que toma conta de tudo, um fragmento vivo, brilhante, remete a uma só vez ao campo do Outro e do próprio sujeito, que devem, portanto, de alguma forma existir: "A brasa do cigarro desloca-se vagarosamente, chega-me à boca, aviva-se e empalidece. É uma brasa animada, vai e vem, solta no ar, como um fogo-fátuo. Os meus dedos estão longe dela, metidos em órbitas vazias. Toda a vontade sumiu-se, derreteu-se — e a brasa é um olho zombeteiro"[32].

De que zomba aquele olho desinstalado[33]? Talvez do terror do sujeito confrontado a seu próprio desejo mortífero de se entregar, como carne, ao gozo devorador do Outro.

---

[28]*Ibid.*, p. 10.
[29]*Ibid.*, p. 11.
[30]*Ibid.*
[31]*Ibid.*, p. 13.
[32]*Ibid.*
[33]A propósito do olhar como objeto, consultar os desenvolvimentos de Lacan nos

Nesse ponto, emerge não mais apenas o gozo, mas a demanda enigmática do Outro: "Sim ou não?". Assim pronunciada — ameaçadora, brutal —, a demanda do Outro evoca a aniquilação do sujeito, sem que este encontre algum ponto de referência no qual ancorar sua angústia diante (*Angst vor*) daquela interpelação sinistra. De alguma forma, a perturbação estabelecida pela pergunta corresponde à fascinação do sujeito em face do Outro devorador, que espera sua entrega. Coloca-se assim, crucialmente ao sujeito, a urgência de decidir entre assenhorar-se do próprio desamparo ou se entregar ao apelo mortífero da "Dama Branca".

Em 1974, em seu texto de apresentação à peça *O despertar da primavera*, de Wedekind, Lacan retoma em sua própria perspectiva um grande debate deixado em aberto por Freud em uma reunião da Sociedade Psicanalítica de Viena, realizada com quase setenta anos de precedência.

Naquela ocasião, Freud comentava a passagem em que o jovem Melchior, diante do cadáver decapitado de seu amigo suicida Moritz, deveria decidir entre atender aos apelos deste para que viesse com ele para o reino dos mortos — e lá reencontrar sua amada Wendla, desaparecida durante o aborto de seu filho ilegítimo —, ou voltar solitário para o mundo dos vivos, para lá reconstruir sua existência sobre os escombros de sua tragédia pessoal. É nesse momento que surge o "homem mascarado", que expulsa o fantasma de Moritz e reconduz Melchior à vida. Para Freud, o homem mascarado é ao mesmo tempo o demônio da vida e o diabo (o inconsciente):

> [...] é a vida que sofre um exame de alguma maneira. Uma tal interrogação caracteriza os estados de angústia. Em um acesso de

seminários 10 e 11.

angústia, o indivíduo se coloca, por exemplo, a examinar a si próprio como para ver se ainda mantém toda sua razão. O exame do Édipo está igualmente ligado à angústia: atrás da Esfinge esconde-se a angústia (Esfinge significa estrangular).[34]

Lacan, por sua vez, retoma a peça também sob a perspectiva do papel desempenhado pelo homem mascarado, que interfere no momento decisivo, fazendo Melchior optar pela vida. É o caráter velado do homem mascarado que constitui, para Lacan, o ponto decisivo. Trata-se de evocar a máscara em seu papel de ocultar aquilo que de qualquer forma não está aí: "Que o véu levantado não mostre nada, eis o princípio da iniciação"[35].

O enigma da sexualidade e do gozo do Outro, prometido para mais além da vida, coloca-se ao sujeito em um confronto angustiante com a dimensão da mascarada: "Apenas a máscara ex-istiria no lugar do vazio onde eu coloco A Mulher. Em que eu não digo que não existam mulheres"[36].

Lacan conclui sua reflexão sugerindo que mesmo o Nome do Pai, organizador do universo simbólico, não é "senão Nome entre outros da Deusa Branca, a qual [...] se perde na noite dos tempos a ser a Diferente, a Outra para sempre em seu gozo"[37].

O gozo absoluto prometido do Outro lado da vida: eis aí o canto da Sereia que perturba e encanta, solicitando ao sujeito a entrega total às águas de sua sedução.

---

[34]SOCIETÉ PSYCHANALYTIQUEDE VIENNE. *Les premiers psychanalystes — Minutes de la Societé psychanalytique de Vienne*. Volume 1. Tradução de N. Schwab-Bakman. Paris: Gallimard, 1976, p. 136-137.
[35]LACAN, J. (1974) Prefácio a "O despertar da primavera". In: *Outros escritos*. Tradução de Vera Ribeiro. Rio de Janeiro: Zahar, 2003, p. 558.
[36]*Ibid.*, p. 559, tradução modificada.
[37]*Ibid.*

O sono e o Outro

Apesar de, como afirma Freud, o sono constituir a experiência mais solipsista e solitária da vida subjetiva, ele necessariamente implica o Outro, ao menos a duplo título.

Por um lado, para dormir o sujeito despe-se do Eu; ele precisa colocar em suspensão o controle consciente e racional do ambiente e de suas eventuais ameaças. Para renunciar à vigília, ele necessita, pois, poder acreditar que tudo em volta permanecerá em paz e em segurança. Se tudo se passa bem, no início, o Outro responsável por velar pelo bom sono do bebê humano permanece: o ambiente e a atmosfera, a tonalidade (*Stimmung*)[38] reinante são vividas como boas e reasseguradoras em si mesmas. É somente bem mais tarde que a figura do Outro amoroso e protetor poderá ser representada, dando origem às imagens tradicionais da mãe devotada e do anjo da guarda.

Por outro lado, o sono constitui um estado de simplesmente deixar-se existir, sem necessidade de vigilância ativa contra os perigos exteriores, sem mediação egoica, e, assim, desfrutar do repouso e do "gozo de ser". Nessa condição de relaxamento do controle consciente, já indicava Freud em "A interpretação dos sonhos"[39], as defesas do eu se atenuam, possibilitando o retorno do recalcado. A correlativa desconexão da motricidade, impedindo o eventual risco de uma passagem ao ato, encoraja ainda mais a emergência das moções pulsionais, desejos e fantasias até então abafadas no

---

[38]*Stimmung*, termo da língua comum recuperado pela psicopatologia alemã, remetendo ao humor, à tonalidade afetiva de fundo. Deriva do substantivo *die Stimme*, a voz. *Stimmung*, o humor = a voz que dá tonalidade à atmosfera no interior da qual existe o ente.
[39]FREUD, S. (1900) A interpretação dos sonhos (I). In: *Edição standard brasileira das obras psicológicas completas de Sigmund Freud. A interpretação dos sonhos (I) (1900)*. Direção de tradução de Jayme Salomão. Rio de Janeiro: Imago, 1996.

Inconsciente. O cenário torna-se, assim, propício tanto para o abandono ao gozo narcisista de simplesmente dormir quanto para o retorno das representações mais perturbadoras e inquietantes da vida mental subjetiva.

Em especial, ressurgem do esquecimento as sombras *unheimliche* desse constituinte mais estranho/íntimo do sujeito: o Outro primordial, aquele de que *das Ding* assinala a ausência e as marcas.

"Sim ou não?" sintetiza a interpelação radical, no âmago da falta-a-ser subjetiva, provinda desse Outro — núcleo de nosso ser (*Kern unseres Wesen*) — que nos constituiu desde o mais interno em nós. Trata-se de um sonho *a minima*, que não chega a ter o enredo de um pesadelo, tampouco a ausência absoluta de representações do terror noturno.

"Sim ou não?" se endereça frontalmente ao sujeito. O Outro nele irrompe durante o sono, não apenas para anunciar sua presença, ainda que pelas marcas fundadoras que deixou, mas para "sacudir o sujeito", para lembrá-lo da alienação que o constituiu, interrogando inapelavelmente sobre seu desejo e sobre sua posição subjetiva. O grito do Outro, no meio do sono, interpelando aquele que dorme, nos faz lembrar que a hora de dormir, tanto ou mais que o sonho, é também uma hora da verdade. Quantas insônias não decorrem desse fato?

O que *restou* de nossos primeiros amores *negros*?

A ama de leite, o cafuné e outras marcas da Mãe Preta no sono à brasileira[1]

> "Se chegava a noite escura
> Com seus negrumes sem fim,
> Ela com muita ternura
> Chegava perto de mim.
> Umas coisas cochichava
> E depois que me beijava
> Me levava pra dormida
> Sobre os seus braços lustrosos.
> Aquilo, sim, era gozo,
> Aquilo, sim, era vida."
> PATATIVA DO ASSARÉ, poema "Mãe Preta"

---

[1] Este texto foi inicialmente apresentado como conferência nas *Journées de la Revue Spirale* realizadas em dezembro de 2013, em Toulouse, na França. Subsequentemente, foi publicado como o artigo: PEREIRA, M. E. C. (2013) Que reste-t-il de nos premières amours noires: La Mãe Preta dans la formation culturelle brésilienne. In: *Spirale*, 4(4), 123-132. Agradecemos ao editor da revista *Spirale*, Patrick Ben Soussan, por autorizar a publicação neste volume da presente versão revisada.

Os lábios, a língua, a boca do bebê pousados sobre o seio. A sucção serena do leite. O cruzamento dos olhares entre os parceiros dessa cena de cuidado amoroso. Os corpos em contato, o toque, os braços da mulher que envolvem e protegem, tranquilizando — em ato — a criança quanto à estabilidade da experiência de satisfação. E a voz doce, o acalanto, o movimento rítmico, contínuo, próprio para embalar o sono do pequeno. Tantas experiências propícias a deixarem rastros definitivos, fundadores, nesse sujeito humano concretamente em formação junto ao corpo do Outro. No colo dessa mulher, vai-se implantando lenta, doce e lubricamente, clariceanamente, o coração selvagem de sua vida, a matriz (auto)erótica, corporal, de sua fantasia, de sua vida pulsional, moldada com ternura e discreta luxúria junto ao corpo dessa grande Outra.

A Mãe Preta na tradição cultural brasileira

Mas o que ocorreria se, nessa cena aparentemente tão idílica, aquela que segura o bebê nos braços, que o acalenta, que o acaricia e o protege não fosse sua mãe de sangue, mas sua ama de leite, uma mulher negra escravizada que, constrangida pela violência que lhe é imposta, se vê obrigada a dele se ocupar? Essa relação tão íntima e fundadora, tão complexa e ambígua, está na base dos processos de constituição das subjetividades e da socialização no Brasil.

Onipresente ao longo do período de colonização e até o fim do Império, a escravidão de africanos, vindos principalmente do golfo do Benin, constitui um elemento decisivo da história brasileira. Ela marca profundamente a formação desse novo povo, que começava a se constituir como cultura sincrética, consolidada por uma forte mestiçagem desde a chegada, em 1500, dos portugueses no litoral do que é hoje o estado da Bahia². Índios, colonizadores europeus e negros escravizados vindos da África, todos têm suas tradições culturais, as quais irão interagir e se fundir, até no sangue, ao longo do tempo.

> Nessa confluência, que se dá sob a regência dos portugueses, matrizes raciais díspares, tradições culturais distintas, formações sociais defasadas se enfrentam e se fundem para dar lugar a um povo novo [...] Novo porque surge como uma etnia nacional, diferenciada culturalmente de suas matrizes formadoras, fortemente mestiçada, dinamizada por uma cultura sincrética e singularizada pela redefinição de traços culturais delas oriundos. Também novo porque se vê a si mesmo e é visto como uma gente nova, um novo gênero humano diferente de quantos existam.³

A história da Mãe Preta — espécie de duplo perturbador e frequentemente desconhecido da mãe branca de origem europeia — participa tão fundamentalmente da constituição cultural e vital do povo brasileiro que seria impossível descrever os processos de subjetivação deste sem a ela fazer uma referência maior.

Desde as primeiras décadas do século XIX, as mães oriundas de famílias com certa capacidade financeira não amamentavam seus filhos, nem realizavam diretamente os cuidados maternos mais fundamentais. Tais funções eram regularmente delegadas às amas escravas, escolhidas entre as *mucamas* – mulheres negras com comportamento maleável e apropriado aos costumes dos senhores —, que se tornavam, portanto, responsáveis pelos serviços domésticos

---

²Cf. RIBEIRO D. *O povo brasileiro: a formação e o sentido do Brasil.* São Paulo: Companhia das Letras, 1995.
³*Ibid.*, p. 19.

dentro da casa, no íntimo familiar. A mãe branca, por sua vez, devia cuidar da educação e do bom comportamento social dos seus filhos.

As mucamas configuravam um tipo de damas de companhia da *sinhá* (a patroa) ou de sua filha, a *sinhazinha*. Tamanha intimidade era propícia às confidências e ao estabelecimento de cumplicidades inesperadas entre essas mulheres. Não raro, ademais, os patrões alforriavam suas mucamas em testamento. A ama de leite devia não somente amamentar o bebê, mas também prodigar-lhe todos os cuidados — banho, proteção, vestimenta etc. —, além de acalentá-lo e embalá-lo quando estava inquieto ou cansado, fazendo-o dormir. Dado que esse contato íntimo prosseguia ao longo da infância, e até da vida do protegido, a ama participava das brincadeiras e de outros momentos de distração do pequeno. Tinha autoridade tanto para repreendê-lo e lhe dar ordens de comportamento muito estritas quanto aconselhamentos e lições de vida cheios de sabedoria. Ela também lhe contava histórias e cantava acalantos e cantigas fortemente carregadas de suas raízes culturais. A Mãe Preta, ao embalar em seus braços a criança branca que ela própria já houvera amamentado com o seio, inscreveria uma página complexa, desconcertante, conflitiva, com matizes que vão do terror à ternura, no livro da erotização do sono e dos corpos no Brasil.

Quanta ambivalência teria atravessado essa cena fundante de nossa corporeidade, moldando profundamente nossas maneiras concretas, carnais, de existir?

Além disso, essas mulheres trouxeram do continente africano incontáveis práticas corporais e hábitos cotidianos ligados ao adormecimento e ao repouso que se mantêm inteiramente vivos na cultura brasileira. Entre eles, marca-nos, de forma destacada e ubíqua, uma modalidade especial de carinho que nos embala o sono; uma discreta volúpia de, sem reservas, entregar o próprio corpo aos cuidados amorosos do outro: o cafuné. Com a cabeça ao colo dessa mulher escravizada, crianças brasileiras de todas as tonalidades de pele descobriam, pelo doce deslizar daqueles dedos negros entre seus cabelos, a serena delícia de se confiar sem riscos à ternura do Outro.

O cafuné na corporalidade brasileira[4]

> "Pues bien: yo creo que pocas cosas definen tan bien una época como el programa de sus placeres."[5]
> JOSÉ ORTEGA Y GASSET, *Elogio del murciélago*

O cafuné, prática derivada do *grooming* — o despiolhar, existente em todas as culturas, inclusive as europeias —, consiste em uma carícia suave com a ponta dos dedos no couro cabeludo da criança como expressão de ternura para acalmá-la ou adormecê-la. Era geralmente acompanhado de um canto suave, em uma atmosfera de acalanto. Nas formas tradicionais, o operador está sentado na extremidade de uma esteira, enquanto o paciente permanece também sobre ela descontraidamente deitado, a cabeça apoiada no colo do primeiro.

De origem incerta, a maioria dos pesquisadores[6] concorda que o cafuné se instala na cultura brasileira por meio dos escravizados

---

[4]Esta parte do texto retoma o artigo originalmente publicado em PEREIRA, M. E. C. Le cafuné dans la corporalité brésilienne: métissage, érotisme et lien social. In: BENCHEIKH, M. (org.) *Les infortunes de l'identité culturelle*. Rabat/Marrocos: Publications de l'Université Internationale de Rabat, v. 1, p. 179-185, 2015. O texto aqui publicado constitui uma versão traduzida e revisada desse original. Agradecemos ao professor Jalil Bennani e às Publications de l'Université Internationale de Rabat pela autorização dada a sua publicação neste volume.
[5]"Pois bem: acredito que poucas coisas definem tão bem uma época quanto o conjunto de seus prazeres." Tradução nossa.
[6]Notadamente, BASTIDE, R. *Psicanálise do cafuné e estudos de sociologia estética brasileira* (Vol. 2) Curitiba: Editora Guaíra, 1941 e CASCUDO, L. C. *Made in África: pesquisas e*

africanos, que chegaram ao Brasil logo no início do século XVI, oriundos principalmente do Congo, da Guiné, de Angola e de Moçambique, para o trabalho nas plantações de cana-de-açúcar no Nordeste do país. Câmara Cascudo, eminente especialista do folclore brasileiro, chega a sustentar que "o cafuné existe no Brasil somente onde houve a escravidão *banto*, do Congo e Angola"[7]. Em um estudo clássico intitulado "O cafuné em Angola", o etnólogo angolano Óscar Bento Ribas explica que, de um ponto de vista etimológico, *cafuné* — variação no português do termo quimbundo *kifune* — "resulta de *kufunata*: dobrar, torcer. Pode-se compreender: para produzir o estalido, é preciso dobrar o polegar, seja para produzir o estalido sozinho, seja com a ajuda do indicador, pela pressão das duas unhas, a do polegar contra a do indicador"[8].

É assim que Câmara Cascudo fornece sua descrição magistral dessa prática: "Estalos, que são dados na cabeça, como quem cata, com as unhas, para adormecer. Catamento simulado de parasitas inexistentes, provocando preguiça repousada e tranquila sonolência nas horas de folga"[9].

Na sua fascinante *Psicanálise do cafuné*, Roger Bastide demonstra a importância da dimensão erótica dessa prática, a qual também dizia respeito — e talvez principalmente — aos adultos. Apoiado num estudo de Renato Mendonça[10], ele confirma que a palavra cafuné "designa primitivamente o estalido das unhas no alto da

---

notas. São Paulo: Global, 2002.
[7]CASCUDO, L. C. Cafuné. In: *Made in África: pesquisas e notas*. São Paulo: Global, 2002, p. 68.
[8]RIBAS O. O cafuné em Angola. In: CASCUDO, L. C. *Made in África: pesquisas e notas*. São Paulo: Global, 2001.
[9]CASCUDO, L. C. *História dos nossos gestos: uma pesquisa na mímica do Brasil*. São Paulo: Melhoramentos, 1976.
[10]MENDONÇA R. (1935) *A influência africana no português do Brasil*. São Paulo: Cia Ed. Nacional, 1935.

cabeça, do quimbundo *kafundo*, que significa estalar, enterrar, e o prefixo classificador *caf*, que se encontra no Brasil no africanismo *cafua*, quarto de reclusão para os alunos dos colégios, indica uma ideia de penetração, o que é de fato perfeitamente típico do movimento das mãos penetrando na cabeleira"[11]. Com efeito, a produção de um barulho peculiar, espécie de estalido resultando da pressão das unhas entre si ou das unhas sobre o cabelo, era tradicionalmente parte intrínseca da técnica e do gozo proporcionado pelo cafuné.

Nas técnicas contemporâneas do cafuné, principalmente as praticadas entre enamorados ou nas famílias urbanas, tende a desaparecer o componente "crepitação", reminiscência mais ou menos inconsciente de espiolhar, para se restringir ao afago feito com a ponta dos dedos no couro cabeludo. De qualquer forma, fica claro que, com o cafuné, há uma passagem do nível utilitário, higiênico e de conforto pessoal da retirada dos piolhos para uma prática cultural do corpo fortemente codificada, implicando ternura, erotismo e laço social. Cascudo insiste na especificidade do cafuné relativamente ao despiolhar. De acordo com seus termos, o cafuné é antes de tudo "uma ocupação deleitosa de horas de folga, perícia em serviço da preguiça repousada, ávida das pequenas volúpias sem maldades, limpas de intenção erótica prefigurada"[12]. Caberá a Bastide colocar em relevo o caráter erótico dessa técnica.

Em uma fotografia do povo Nambikwara tirada nos anos de 1930 por Claude Lévi-Strauss durante suas viagens ao interior do Brasil e ulteriormente publicada em *Tristes trópicos*[13], pode-se observar a

---

[11] BASTIDE R. *Psicanálise do cafuné e estudos de sociologia estética brasileira* (Vol. 2). Curitiba: Editora Guaíra, 1941, p. 193.
[12] CASCUDO, L. C. Cafuné. In: *Made in África: pesquisas e notas*. São Paulo: Global, 2002, p. 67-68.
[13] LÉVI-STRAUSS, C. (1955) *Tristes tropiques*. Paris: Plon, 1990, fotografia 38.

cena de um garoto despiolhando uma menina pouco mais velha do que ele. Ela está deitada no chão, a cabeça apoiada no colo dele. Ambos estão nus. O jovem parece muito concentrado no seu papel de agente, enquanto a menina externa um semblante descansado, misturado com um gozo discreto pelo cuidado que lhe é dedicado. A fotografia demonstra a existência de uma técnica de espiolhar prazerosa praticada pelos indígenas brasileiros, até mesmo, provavelmente, antes da chegada dos escravizados africanos. Contudo, o cafuné é uma prática cultural independente do despiolhar. Seu caráter essencial não é, portanto, utilitário; os efeitos visados são fundamentalmente a fruição hedonista da experiência, o relaxamento e, de forma apenas incidental, o adormecimento.

De fato, o aspecto sociopsicológico mais perceptível do cafuné é o fato de que o paciente se entrega praticamente sem restrições aos cuidados do agente, posto em posição maternal. Assim sendo, seja na tradição africana ou nas formas originárias do cafuné praticado no Brasil, o operador é quase sempre uma mulher. Somente nas versões contemporâneas da prática é que o homem desempenha um papel ativo, geralmente como demonstração de ternura para com a pessoa com quem compartilha a intimidade da vida de casal, ou ainda dos pais e avôs para com seus filhos ou netos. Mesmo assim, a dedicação materna e até mesmo a erotização feminina dos corpos, embora discreta e sublimada, são aí percebidas.

Importante observar que, do ponto de vista histórico, eram inicial e preferencialmente os homens adultos, e não as crianças, os receptores privilegiados do cafuné. Numa época em que a sociedade brasileira era rural e em que as distâncias com outros grupos humanos eram consideráveis, o isolamento geográfico e a dureza objetiva da vida cotidiana induziam, no espaço doméstico, a certa intimidade corporal entre o senhor branco e seus escravos. À noite, no retorno de um trabalho exaustivo, aquele podia aproveitar o prazer de se deixar despiolhar pela mucama de sua preferência, ou seja, a mulher negra de comportamento suave e apropriado aos costumes dos senhores, escolhida para trabalhar no seio familiar dos patrões. Em geral, a condição de mucama era atribuída às escravas mais habilidosas na prática do cafuné.

De fato, as escravas que dominavam a prática, apreciadíssima nas famílias dos senhores, alcançavam um valor muito elevado e podiam ser negociadas a preços exorbitantes. Homens e mulheres — nessa ordem — eram os primeiros a se deixar acarinhar assim pelas mucamas mais hábeis na arte do cafuné. Seria talvez para se deixarem levar, ao menos por alguns instantes, pelas reminiscências corporais dos tempos em que eles mesmos recebiam tais carinhos, abundantes e generosos, de suas próprias Mães Pretas?

Uma hierarquia rígida regia a ordem em que os membros da família passavam pelos cuidados da mucama encarregada do cafuné: primeiramente, o senhor da casa, seguido por sua esposa, a sinhá, a patroa. Somente depois, os adolescentes e as crianças podiam se beneficiar do serviço. Nesse último grupo, a preferência era dada à sinhazinha.

Embora o cafuné levasse a marca inocente do cuidado e do carinho materno, ele comportava também características mais abertamente eróticas, chegando até mesmo à luxúria. A tal respeito, o antropólogo Gilberto Vasconcellos destaca o caráter lascivo intrinsecamente ligado a essa prática corporal a dois e à satisfação hipnótica por ela produzida: "O cafuné calado não tem graça. O bom cafuné é gemido. Quase gritado. A 'carícia estalejante' é feita pela fricção da ponta dos dedos. Sobreviveu além da escravidão. Mimo, carícia, volúpia, êxtase, narcótico, entretenimento, além de terapêutica à insônia"[14].

---

[14]VASCONCELLOS, G. Cafuné e gineceu lésbico. Artigo publicado no *Caderno +Mais*

Concernente ao cafuné aplicado às mulheres e em especial às sinhazinhas, Roger Bastide[15] evoca o contexto cultural de forte repressão sexual a que as mulheres de origem europeia eram submetidas no Brasil colonial. Não tendo acesso aos gozos corporais mais explicitamente sexuais, a sinhazinha podia se entregar às delícias sensuais proporcionadas por sua mucama predileta, uma ocasião ideal para devaneios ardentes, bem como para a emergência de desejos inconfessos. Dispomos de registros de reações bastante erotizadas, desde o simples suspiro até as experiências de volúpia, enlevamento e êxtase. Assim sendo, Bastide atentava para o aspecto de sexualidade, ou melhor, de homossexualidade feminina implicado na prática do cafuné, o qual era, portanto, uma via socialmente aceita de erotização dos corpos, de liberação de fantasias repletas de desejo, de regressão culturalmente autorizada a formas infantis do gozo do corpo, entregue sem reservas à figura tão maternal quanto lasciva da mucama.

Percebe-se, assim, que o cafuné se encontra diretamente implicado na construção da experiência subjetiva da ternura, da calma, da confiança e do descanso, mas também do gozo gratuito do corpo e dos cuidados dispensados pelo outro. Além de estar ligado ao adormecimento, tão importante quanto o embalar, a entonação de um acalanto e o descanso nos braços da mãe, o cafuné faz parte do repertório psicocorporal dos sujeitos edificados no seio da cultura brasileira. De forma mais ou menos inconsciente, mas plenamente eficaz do ponto de vista da performance, a erótica do sono à brasileira carrega a marca africana, inscrita até as camadas mais elementares da experiência do binômio ternura/volúpia. Tudo isso se

---

do jornal *Folha de São Paulo*, em 31 de outubro de 1999.
[15]BASTIDE, R. *Psicanálise do cafuné e estudos de sociologia estética brasileira* (Vol. 2) Curitiba: Editora Guaíra, 1941.

passando sobre o fundo sinistro da escravidão e da violência que lhe é intrínseca.

Em seu seminário 7, dedicado à ética da psicanálise, Jacques Lacan introduz a noção de "extimidade", segundo a qual o fundamento do sujeito seria constituído a partir de algo de radicalmente Outro em relação àquilo que pode conceber como um "si mesmo": uma alteridade absoluta, de todo exterior ao campo do Eu. O psicanalista francês visa com isso explicitar um dos paradoxos mais fundamentais ligados à ideia de "identidade". Jamais o sujeito lacaniano poderia ser concebido como uma espécie de essência subjetiva, solipsista, imanente e eternamente idêntica a si mesma. Com efeito, em Lacan, a extimidade expressa a relação do sujeito com a "Coisa" — fundante e irremediavelmente perdida — no nível do inconsciente: "esse lugar central, essa exterioridade íntima, essa extimidade, que é a Coisa"[16]. O Outro e a alteridade não se referem mais ao completamente estrangeiro, ao contrário, como afirma Coté, eles constituem "o limiar a partir do qual as experimentações das formas sociais significantes são determinadas, e isso na medida de um limite traçado entre a ordem simbólica (a figura do 'grande Outro' em Lacan) e o sujeito constituído enquanto tal no campo da linguagem (o 'S barrado' lacaniano), limite do qual é preciso dizer que consiste em um emaranhado entre as dimensões estésica, estética e ética da experiência"[17].

---

[16] LACAN J. (1959-1960) *O seminário, livro 7: a ética da psicanálise*. Tradução de Antônio Quinet. Rio de Janeiro: Zahar, 1988, p. 173, aula de 10 de fevereiro de 1960.
[17] COTÉ, J. F. Des origines artistiques de l'extimité à une esthétique génralisée des démocraties de masse chez Andy Warhol. In: *Le texte étranger*, n. 8, 2011. Disponível em https://www.academia.edu/28407835/DES_ORIGINES_ARTISTIQUES_DE_LEXTIMIT%C3%89_%C3%80_UNE_ESTH%C3%89TIQUE_G%C3%89N%C3%89RALIS%C3%89E_DES_D%C3%89MOCRATIES_DE_MASSE_CHEZ_ANDY_WARHOL. Acessado em 23 de junho de 2021, às 14h35.

Logo, por meio do estudo da prática do cafuné, aproximamo-nos de dimensões fundamentais do processo de produção de subjetividades no âmago da matriz cultural brasileira, marcada pela miscigenação e indissociável da colonização e da escravidão.

Assentada em um processo de maternagem que implica concretamente os corpos e a intimidade cotidiana, uma relação emocional profunda e estreita terminava por se estabelecer entre o bebê branco e sua ama de leite. Para ele, ela se tornava sua Mãe Preta. A literatura, a música e a pintura brasileiras testemunham a importância formadora dessa experiência maternal insólita para o caráter nacional. Insólita, mas fundamental. O aspecto imediatamente visível de ternura e cumplicidade na relação entre a ama e a criança encobria de forma ambígua a realidade da escravidão.

Com efeito, na base de relação tão íntima e fundamental, estava a violência: a família e os filhos da ama de leite permaneciam na senzala, dependência das propriedades rurais do Brasil escravocrata destinada a abrigar, em condições desumanas, os escravos de um senhor; os castigos físicos e as humilhações morais sempre estavam presentes; e o leite que alimentava o filho da patroa era frequentemente subtraído do bebê da escravizada.

Essa disjunção entre a mãe biológica e a mulher que cuidava de fato da dimensão afetiva e corporal da maternagem não constitui, é claro, uma especificidade brasileira. Encontra-se em inúmeras outras tradições culturais, como nos Estados Unidos, país onde a escravidão e os cuidados maternos dispensados pelas mulheres escravas aos filhos do patrão também faziam parte da paisagem social. As marcas dessa violência estão presentes em registros como a *lullaby* (canção de ninar) "All the pretty little horses", uma das mais populares até os nossos dias. Originalmente entoado pelas escravizadas negras para os bebês do patrão, esse acalanto expressa o calvário de uma situação ambivalente e que tensiona ternura, terror e ódio.

Em certo momento, a canção explicita todo o desamparo da criança abandonada por sua mãe à própria sorte (seu próprio bebê?):

> Way down yonder, down in the meadow,
> There's a poor wee little lamby.
> The bees and the butterflies pickin' at its eyes,
> The poor wee thing cried for her mammy.[18]

O momento em que, no ritmo suave da cantiga, a escrava evoca as abelhas e as borboletas vindo atacar os olhos daquela criancinha indefesa condensa a dor de deixar sozinho seu próprio rebento, seu ódio abafado pela submissão forçada e a ternura que, apesar de tudo, não desaparece, tendo entre os braços aquele pequeno inocente, filho de sua senhora branca. A dilacerante interpretação oferecida por Joan Baez, nos anos 60[19], desse magnífico acalanto permite aceder ao complexo drama que a doce melodia dissimula.

Correlativamente, a própria criança, na posição de patrão, goza, sem sequer se dar conta, do corpo e da presença de sua ama como se se tratasse de uma propriedade, de um objeto. Quando adulto, ele também terá, de fato, o direito, se assim o desejar, de dispor sexualmente daquela que o alimentara na infância. Onde estão, portanto, os limites do que ele pode gozar do corpo de sua Mãe Preta? Como na maior parte das sociedades cuja mestiçagem provém da escravidão, a descendência mestiça no Brasil — como os estudos genéticos o demonstram[20] — é composta de crianças nascidas da relação

---

[18]"Lá longe no caminho da campina / Encontra-se uma pobre ovelhinha / As abelhas e as borboletas cutucando seus olhos / A pobre coisinha chora pela 'mamãe'." Tradução nossa.
[19]BAEZ J. All the pretty little horses. In: *Baptism: a journey through our time*. Vanguard Studios, 1968.
[20]ALVES-SILVA, J.; SANTOS, M. S.; GUIMARÃES, P.E.M.; FERREIRA, A. C .S.; BANDELT, H. J.; PENA, S. D. J.; PRADO, V. F. The ancestry of Brazilian mtDNA lineages. In: *American Journal of Human Genetics*, n. 67, 2000, p. 444-461.

entre um homem branco e uma mulher negra, e não o contrário, isto é, entre uma mulher branca e um homem negro. A mestiçagem brasileira possui as marcas ambíguas da sexualidade, da lubricidade, da violência e do estupro.

O desdobramento das mães e o Édipo à brasileira

A conformação específica das relações entre senhores e escravos no Brasil, em que se misturavam o amor materno e a dominação violenta do outro, levou a um desdobramento cultural do papel de mãe, distinguindo claramente as figuras da *generatrix* e da *mater*, isto é, a mãe no sentido biológico daquela da maternagem. Esse estado de coisas não pode evitar de deixar marcas na maneira com que se coloca a organização edipiana no Brasil[21], em cujo contexto histórico e cultural a imagem idealizada da Mãe Preta serve para velar e aliviar a memória social da escravidão. A cena harmoniosa de amor e ternura entre a mulher negra e a criança branca encobre o fato de que esta é também senhor da ama, sobre a qual pode exercer seu poder de forma absoluta. Em qualquer relação edipiana, a criança possui um sentimento de propriedade sobre o corpo de sua mãe, acompanhado de uma aspiração ambivalente de fusão com ela. Ocorre que, numa sociedade de tradição escravocrata, essa propriedade se inscreve efetivamente como um direito no campo simbólico.

Assim, há um sentimento de legitimidade, de naturalidade, na pretensão do jovem mestre de situar o outro como objeto de gozo,

---

[21]SEGATO, R. L. (2006) O Édipo brasileiro: a dupla negação de gênero e raça. In: Série Antropologia. Disponível em http://www.dan.unb.br/images/doc/Serie400empdf.pdf. Acessado em 1 de julho de 2021, às 10h20.

inclusive em situações que, no mínimo, beiram a ruptura do tabu e o acesso ao incesto. Segato chama a atenção para o fato de que "o direito de propriedade" se estende para muito além dos simples poderes do senhor, implicando também o sentimento edipiano de qualquer criança em face do território inteiro e não discriminado do corpo maternal-infantil[22]. Se em qualquer relação edipiana o objeto incestuoso é inconscientemente vivido como pertencendo ao sujeito por direito natural, o que dizer, então, de um contexto sociocultural em que a objetalização do outro e o seu *status* de propriedade (sexual) de algum senhor são legitimados simbolicamente?

De forma correlativa, existe uma identificação e um sentimento de culpabilidade por ter participado da violência arbitrária imposta a essa figura materna. Em diversos níveis, a sociedade brasileira carrega as marcas desse par terno, amoroso e perverso instaurado na fonte de nossas experiências amorosas e corporais mais fundamentais. Temos, portanto, o direito de nos perguntar em que medida a figura terna da Mãe Preta protegendo sua criança branca não tenta suavizar a imagem terrível da escravidão, ao cobri-la de um amor ideal e construir o imaginário de um passado em que a escravatura não pertencia ao arbitrário, à injustiça, à perversão e à morte.

Da mulher escravizada e ama de leite à doméstica e à babá do Brasil contemporâneo

O mito da democracia racial no Brasil encontra uma de suas fontes intelectuais em *Casa-grande e senzala*[23], obra capital da sociologia brasileira que Gilberto Freyre publicou em 1933. Estudando as relações interpessoais entre senhores brancos e escravas negras na

---
[22]*Ibid.*, p. 14.
[23]FREYRE, G. *Casa-grande & senzala: introdução à história da sociedade patriarcal no Brasil.* 45ª ed. Rio de Janeiro: Record, 2001.

constituição da sociedade e da cultura brasileiras, Freyre sugere a existência de fortes laços emocionais entre a ama negra e a criança branca, entre a mucama e a sinhazinha, e entre os filhos do senhor e os dos escravos, que brincavam juntos nas fazendas. Tais relações, absolutamente concretas no plano afetivo e corporal, teriam permitido uma mestiçagem, alcançando, bem além do sangue, o próprio coração da formação cultural brasileira. Na leitura de Freyre, a força viva dessas relações afetivas atingiria um nível real marcado pelas diversas tradições culturais dos parceiros e irredutível aos lugares sociais inconciliáveis do mestre e do escravo. O contato entre os corpos, línguas e experiências embasou novas formas de existência, mestiças e inenarráveis. Ainda de acordo com Freyre, esse fato fundamentaria a construção sociocultural do Brasil. A mistura dessa condição de escrava, empregada em uma família de senhores brancos e participante efetiva da intimidade do lar dos patrões para criar os filhos deixou marcas na cultura brasileira.

A figura idealizada[24] da ama negra desempenhava um papel decisivo na hipótese de Freyre, para quem a criança branca gozara até no próprio corpo da ternura e da bondade dessa Mãe Preta, cujo calor era mais intenso e sincero do que o dos seus pais de sangue. Nessa relação, tão próxima e cúmplice, transmitia-se "um amálgama de valores e sentimentos impossíveis de reproduzir em outras colônias e realizar por outros colonizadores"[25]. Essa imagem tende

---

[24]"Além de servir para a comprovação da harmonia interracial nos tempos da escravidão, sobretudo nos antigos engenhos nordestinos, o mito da mãe-preta, ou melhor, "a aliança [afetiva, assexuada] entre a mãe negra e o menino branco" (Freyre, *Casa-grande e senzala*, p. 388) ainda contribuiu para a composição da mestiçagem ideal proposta por Freyre: a assimilação branca da cultura negra [...]", cf. RONCADOR, S. O mito da mãe preta no imaginário literário de raça e mestiçagem cultural. In: *Estudos de literatura brasileira contemporânea*. Brasília: UnB, n. 31, 2008, p. 129-152.
[25]MARTINS, B.; CANEDO, R. 2012. Reconstruindo a memória de um ofício: as amas-de-leite no mercado de trabalho urbano do Rio de Janeiro (1820-1880). In: *Revista de História Comparada*, 6-2, 2012, p. 140.

a apagar a contradição existente entre as relações íntimas mantidas por senhores e escravos na colonização rural e urbana no Brasil e a violência cometida contra as mulheres negras, expropriadas de seus corpos e sua maternidade.

O estudo da vida cotidiana e da realidade das ocupações domésticas das mulheres negras escravizadas e alforriadas no século XIX no Brasil demonstra de forma patente a complexidade da situação: à época, os negros escravizados representavam até 50% da população do Rio de Janeiro. Nesse contexto, contratar temporariamente escravos para realizar tarefas domésticas era uma prática corriqueira. Para as mulheres negras, a maternidade se tornava uma oportunidade importante de trabalho, pois lhes permitia exercer a função de ama de leite junto a outras famílias, além da dos seus senhores. Guardando parte da renda oriunda dessa atividade, muitas acabavam comprando sua carta de alforria. Para tanto, era indispensável demonstrar aptidão para cuidar bem das crianças. Consequentemente, as mulheres negras participavam da intimidade cotidiana tanto de famílias menos abastadas do que a dos seus senhores quanto de famílias ainda mais ricas, o que podia resultar numa nítida melhoria de suas condições de vida.

Escrava, empregada numa família de senhores brancos e integrante do círculo íntimo do lar dos patrões, tal mescla de papéis é visível hoje especialmente no que concerne aos empregos domésticos. O Brasil atual conta com 4,9 milhões de trabalhadores domésticos, dentre os quais um quarto possui carteira de trabalho assinada, de acordo com os dados da PNAD (Pesquisa Nacional por Amostra de Domicílios) de 2020. Leis mais estritas, impondo sanções severas em casos de irregularidades, traduziram-se num aumento das carteiras assinadas para empregos domésticos, mas também numa queda acelerada do número de vagas de emprego.

Tais profissões são majoritariamente exercidas por mulheres: 4,5 milhões em abril de 2020, dentre as quais 3 milhões são negras[26]. É interessante notar também que essas trabalhadoras domésticas gastam parte considerável de sua renda para contratar outra mulher para cuidar dos próprios filhos e da limpeza de suas casas. A instituição do desdobramento da figura de mãe se encontra, portanto, em amplas camadas da sociedade brasileira, e não somente nas classes mais abastadas.

O trabalho das babás brasileiras, embora pouco registrado, é muito apreciado, não somente no próprio país, mas também no exterior. Uma reportagem de 7 de abril de 2012[27] do jornal O Estado de São Paulo mostrou que as babás brasileiras são cobiçadas por mães norte-americanas e de outros países, que oferecem salários de 3.000 a 4.000 dólares por mês. De acordo com a reportagem, as qualidades atribuídas às profissionais brasileiras que justificam tal disparo dos salários são o talento, o carisma e a disposição para colaborar com as tarefas domésticas e a educação das crianças. Uma das babás entrevistadas explica que ela sempre trabalhou na mesma família americana, tendo "criado" ali quatro crianças. Quando se aposentou, recebeu como recompensa da mãe das crianças um apartamento cujo valor é estimado em cerca de um milhão de dólares.

Na esteira da herança cultural da escravidão, as empregadas domésticas brasileiras seguem participando ativamente da vida

---

[26] Vale destacar que, em 2019, o número de trabalhadores domésticos era de 6,4 milhões de pessoas. Percebe-se, portanto, que o ramo foi fortemente afetado pela pandemia de coronavírus. Todos os dados estão disponíveis no link *https://www.redebrasilatual.com.br/trabalho/2021/04/trabalho-domestico-perdeu-15-milhao-de-vagas-com-a-pandemia/*. Acessado em 23 de junho de 2021, às 15h19.

[27] CHACRA, G. Babá brasileira é disputada nos EUA. Matéria publicada em 7 de abril de 2021 no jornal O Estado de São Paulo. Disponível em *http://www.estadao.com.br/noticias/cidades,bababrasileira-e-disputada-nos-eua,858383,0.htm*. Acessado em 23 de junho de 2021, às 15h22.

familiar dos seus patrões e, de certa maneira, da formação humana das crianças da casa. A imagem da Mãe Preta ainda está fortemente enraizada no imaginário e nas subjetividades brasileiras, considerando a extensão de sua presença nos lares na forma de mães de substituição ou complementares.

A Mãe Preta: da idealização à foraclusão

Mesmo possuindo um caráter familiar e simpático, a presença da Mãe Preta e sua emergência na cultura brasileira tendem a ser rejeitadas. Segato[28] comenta sobre a incidência histórica de uma dupla foraclusão social afetando a Mãe Preta: a repulsão da origem negra e africana e a da mulher que a sustenta e a transmite. A referência às mulheres escravizadas, que participaram de forma fundadora da constituição cultural e propriamente erótica do povo brasileiro, é mais do que ambivalente. Evocando as particularidades da situação edipiana da história social do Brasil, Segato considera que "O bebê, sujeito interpelado e arrancado da sua completude, resiste-se a retirar a mão do seio da mãe [...]: um bebê [que também é] uma alegoria do Brasil que se apega a uma mãe-pátria jamais reconhecida, mas não por isso menos verdadeira — África"[29]. Diante de uma imagem de si mesmo formada pelo ideal branco e europeu, o Brasil se questiona sobre a legitimidade de sua forma de estar e existir. Em um duplo processo de esquecimento, e como sua maior perda, "nele se sacrificam ao mesmo tempo a mãe e a obscuridão da sua pele — a África originária"[30].

---

[28]SEGATO, R. L. O Édipo brasileiro: a dupla negação de gênero e raça. In: *Série Antropologia*, 2006. Disponível em *http://www.dan.unb.br/images/doc/Serie400empdf.pdf*. Acessado em 23 de junho de 2021, às 15h23.
[29]*Ibid.*, p. 11.
[30]*Ibid.*

O bebê-Brasil, longamente nutrido, cuidado e investido de amor — embora de forma ambivalente — pela Mãe Preta, exilada, escravizada e marginalizada, carrega nas próprias entranhas o preço dessa exclusão radical de sua memória e de sua consciência. Como qualquer foraclusão, o retorno do excluído passa agora pela via do real, muitas vezes de forma brutal ou trágica. Abre-se ao Brasil, portanto, o desafio contínuo de se apropriar de sua herança, toda ela, a fim de que seus filhos possam enfim se tornar o que lhes é possível e verdadeiramente desejado. Os brasileiros se veem como um povo em busca de uma imagem de si na qual se reconheçam, em sua continuidade e diferenciação para com as tradições culturais que lhe deram origem, o que implica, necessariamente, uma forma específica de erotização dos corpos, indo do trauma às modalidades culturais construídas para desfrutá-los.

Por meio do cafuné, é possível entrever a inscrição desse processo de subjetivação pela mestiçagem/colonização/escravização nos corpos singulares. A corporalidade, à diferença da corporeidade, remete ao corpo, não na sua materialidade e sua objetividade, mas na totalidade do estar-aí e à singularidade eroticamente encarnada de sua subjetividade.

No momento da conformação histórica, cultural e corporal da experiência envolvida pelo campo semântico da ternura e do erotismo, o cafuné demonstra que o mais íntimo do sujeito se inscreve no seu corpo pelo que lhe é mais exterior. E isso de forma tão irredutível que o sujeito não poderia, de maneira alguma, ver-se traduzido sem resto pelo Outro que o havia constituído. Aqui, a coabitação das diferenças irredutíveis é a regra. A ilusão de identidade própria não se decompõe facilmente no ideal de alguma pureza originária perdida. Ao contrário, ela remete às dimensões do estrangeiro, do duplo, ou até do Outro "pré-histórico e imemorial" de que Freud falava[31]. Mas ela se define e se encarna concretamente como marca erótica e erotizante da carne do Outro imemorial no corpo do novo sujeito — irredutível e singular — que ele vem constituir. Dessa forma, a suposta pureza identitária perdida está sempre perigosamente instalada na posição de ideal a (re)instituir, mas à qual o Real da irredutibilidade das múltiplas matrizes do Outro que constituem a corporalização à brasileira não cessa — poderosamente — de resistir e de não se deixar inscrever.

O repouso, o entregar-se à experiência do adormecimento e o sonho que os acompanha portam, na cultura brasileira, profunda e inconscientemente, as marcas corporais constituintes que as imemoriais negras africanas produziram em nossa erótica do sono e que, ao despertar, se espalham — entre dolentes e extáticas — por toda nossa vida cotidiana:

> Ó Fulô! Ó Fulô!
> (Era a fala da Sinhá)
> vem me ajudar, ó Fulô,
> vem abanar o meu corpo
> que eu estou suada, Fulô!
> vem coçar minha coceira,
> vem me catar cafuné,
> vem balançar minha rede,
> vem me contar uma história,
> que eu estou com sono, Fulô![32]

---

[31]FREUD S. *Lettre 52 de S. Freud à W. Fliess*, le 6-12-96.
[32]LIMA, J. (1947) Essa negra Fulô. In: *Poemas negros*. Rio de Janeiro: Alfaguara, 2016.

À guisa de epílogo: nota sobre a Padroeira Negra do Brasil

Em outubro de 1717, uns pescadores do vilarejo de Guaratinguetá atiram suas redes às águas do rio Paraíba do Sul. Durante vários dias, seus esforços permanecem vãos. Seus artefatos de pesca sempre voltavam sem peixes. Entretanto, no dia 12 daquele mês, as redes trazem das águas o corpo sem cabeça de uma estátua da Virgem Maria. Pequena, uns quarenta centímetros, feita de terracota.

Nas tentativas seguintes, finalmente eles recuperam a cabeça da santa. Desde então, diz a história, diversos milagres foram a ela atribuídos, e essa santa aparecida das águas passa a ser objeto de crescente devoção, inicialmente entre os locais, mas logo se estendendo a tantos quantos começam a escutar sobre seus bondosos prodígios. Em 1929, o Papa Pio XI proclama Nossa Senhora Aparecida "Rainha do Brasil" e Santa Padroeira oficial do país. Produzida com barro cozido e tingida pelo lento depósito de sedimentos do rio, a imagem recolhida do fundo das águas apresentava aos olhos dos fiéis uma tocante e inesperada representação de uma Maria negra.

Dois séculos e meio mais tarde, em 1978, um jovem protestante fanático, cujas convicções religiosas interditavam formalmente qualquer representação da Virgem, retirou a estátua do seu nicho na igreja de Nossa Senhora Aparecida e a despedaçou no chão. Os fragmentos foram recuperados e confiados a uma equipe de especialistas do Museu de Arte de São Paulo (MASP) encarregada de executar os trabalhos de restauração. Os estudos da composição da estátua revelaram que a tonalidade negra da pele da santa não existia na versão original, sendo devida a algum depósito de pigmentos provindo do ambiente no decorrer do tempo. Sua cor original era branca. O questionamento foi então apresentado às autoridades eclesiásticas, cuja decisão, sob grande pressão popular, não demorou: guardar-se-ia a cor negra da Virgem. Os fiéis ficaram felizes. O Brasil decidira que sua santa padroeira seria mesmo uma Santa Mãe Preta, religando-se, talvez, de alguma forma, com suas raízes maternas africanas.

> Con el tam-tam creciente de mi pasión bantú
> yo te saludo, Negra, divinamente hermosa
> Con todas las palmeras yo te aplaudo, "Morena por el sol de la
>   alegría".
> ¡Yo te grito con todos los cachorros que amamanta la selva! [...]
> Hay trescientos millones de negros que
> te esperan, con sus banderas niñas,
> en esta patria, verde de Esperanza [...]
> Mecida en tu regazo, donde se acuesta Dios con nuestro sueño,
> toda el Africa late con un ritmo de cuna...[33]

---

[33] "Com o tam-tam crescente da minha paixão bantu / Eu te cumprimento, Negra, divinamente linda / Com todas as palmeiras eu te aplaudo / 'Morena pelo sol da alegria' / Eu te chamo com todos os filhotes que a selva nutre / Há trezentos milhões de negros que te esperam, com suas bandeiras jovens, / nesta pátria, verde de Esperança / Embalada em teu regaço, onde deita Deus com nosso sonho, / toda a África bate com um ritmo de berço." Tradução nossa. Em espanhol, "cuna" refere-se ao berço, e a "canción de cuna", à cantiga de ninar. In: CASALDÁLIGA, D. P. Negra. *Palabra ungida*. Madrid: Editorial Trotta, 1965.

O *acalanto*

Entre o desamparo e o erotismo[1]

"É tão tarde
A manhã já vem,
Todos dormem
A noite também,
Só eu velo
Por você, meu bem
Dorme anjo
O boi pega Neném;
Lá no céu
Deixam de cantar,
Os anjinhos
Foram se deitar,
Mamãezinha
Precisa descansar
Dorme, anjo

---

[1] Publicado em DIAS, M. M. (org.) *A voz na experiência psicanalítica*. São Paulo: Zagodoni, 2015, p. 25-37. Agradecemos a Mauro Mendes Dias e à Editora Zagodoni pela autorização da publicação deste artigo, revisto e ampliado, no presente volume.

> Papai vai lhe ninar:
> 'Boi, boi, boi,
> Boi da cara preta
> Pega essa menina
> Que tem medo de careta'."
>
> Dorival Caymmi, canção "Acalanto"

> "O silêncio eterno desses espaços infinitos me apavora."
>
> Blaise Pascal, *Pensamentos*

Introdução

Em sua famosa conferência "*Was ist Metaphysik?*", de 24 de julho de 1929, Martin Heidegger interrogava se o Nada poderia constituir um objeto para o pensamento. Diante da demonstração da impossibilidade de se resolver a questão do Nada pelo simples artifício de sua substantivação, o filósofo da Floresta Negra aponta para um tipo de acesso imediato a essa dimensão, o único possível ao *Dasein*, a angústia. Mais explicitamente, segundo a perspectiva heideggeriana, "a angústia manifesta o Nada"[2].

Sob essa ótica, na experiência angustiante, o Nada se manifesta não como uma representação mental, mas de forma direta, encarnada, "real", segundo o termo do próprio Heidegger: "Acontece no ser-aí do homem (*menschlichen Dasein*) semelhante disposição de humor na qual ele seja levado à presença do próprio Nada? Este acontecer é possível e também real — ainda que bastante

---

[2]HEIDEGGER, M. (1929) *Qu'est-ce que la métaphysique?* Tradução de H. Corbin. Poitiers: Nathan, 1991, p. 57, tradução do autor.

raro — apenas por instantes, na disposição de humor fundamental da angústia (*Stimmung der Angst*)"[3].

Chama a atenção aqui que o autor de *Ser e Tempo* sublinha, em seu esforço para explicitar o tipo de apreensão que o *Dasein* pode ter do Nada, o caráter de *Stimmung* da angústia, termo que nos remete, como veremos, às dimensões da voz e da música.

Para Freud, de maneira análoga, a não existência de si, correlativa à problemática do Nada, enquanto categoria negativa por excelência, não é representável no inconsciente, não podendo, portanto, ser ali reconhecida, nem tampouco temida enquanto tal. Sob essa perspectiva, a morte própria seria apenas mais uma figura da castração[4]. Sendo o inconsciente fundamentalmente uma rede associativa de traços de recordação (*Erinnerungenszeichen*), armazenados segundo um sistema de oposições diferenciais e assim operando como uma linguagem, não teria como dispor de qualquer representação de algo que jamais foi de fato inscrito no âmbito psíquico do sujeito, como é o caso da morte própria, "a terra ignota de cujos confins nenhum viajante retornou"[5]. De fato, como seria possível dispor de traços de memória de algo que nunca foi de fato inscrito? O não ser relativo a si próprio não disporia logicamente dos meios de se inscrever enquanto tal no inconsciente, reino exclusivo das positividades.

Não obstante, ainda na visão freudiana, todo homem conheceria inconscientemente — e, diríamos, até visceralmente — o

---

[3]*Ibid.*, p. 56.
[4]Cf. FREUD, S. (1926) Inibição, sintoma e angústia. In: *Edição standard brasileira das obras psicológicas completas de Sigmund Freud. Um estudo autobiográfico, Inibições, sintomas e ansiedade, Análise leiga e outros trabalhos (1923-1926)*. Direção de tradução de Jayme Salomão. Rio de Janeiro: Imago, 1996.
[5]SHAKESPEARE, W. *A tragédia de Hamlet, príncipe da Dinamarca*. Tradução, introdução e notas de Lawrence Flores. Ensaio de T. S. Eliot. São Paulo: Companhia das Letras, 2015, p. 62.

trauma provocado pela descoberta súbita e sem defesas do desamparo radical (*Hilflosigkeit*) sobre o qual se edifica a vida de cada um e para a qual o "trauma do nascimento" constituiria o protótipo (*Vorbild*). O sinal de angústia, anteparo semiotizado contra o (re)encontro traumático com o próprio desamparo, seria estruturado pela Lei simbólica, fundamentalmente Édipo e castração. Esta seria a matriz fundante do humano enquanto ser de fala (*parlêtre*, segundo Lacan), constituindo a malha simbólica no interior da qual um determinado contexto significante poderia ser identificado como indicando a proximidade, o risco iminente, da (re)instalação da situação traumática, já previamente inscrita como traço de memória no inconsciente. Esta é a tese de Freud a partir da introdução de seu conceito de pulsão de morte[6]: o homem se defende com a angústia (*Angst*) contra o susto (*Schreck*), afeto específico do trauma psíquico. Haveria um universal da descoberta do desamparo, inscrita em todo humano, a qual constituiria o núcleo (*Kern*), a significação (*Bedeutung*) de toda situação de perigo. Em suma, na visão freudiana, o homem não tem qualquer representação mental da própria não existência, mas conhece positivamente o próprio desamparo. É o risco de que o desamparo conduza efetivamente à situação traumática — e não à própria morte — que é assinalado pela angústia. "Traumatismo" deve ser aqui concebido em sua vertente exclusivamente econômica: excesso transbordante de excitação, conduzindo à ruptura do sistema psíquico, em uma condição de desprazer extremo, agudo e incontrolável, para o qual não se estava preparado. No trauma,

---

[6]"Não acredito que o medo [*Angst*] possa provocar uma neurose traumática; no medo [*Angst*] há algo que protege contra o susto [*Schreck*] e, portanto, também contra a neurose traumática." FREUD, S. (1920) Além do princípio de prazer. In: *Escritos sobre a psicologia do inconsciente (1911-1915)*. Tradução de Luiz Alberto Hanns. Rio de Janeiro: Imago, 2000, p. 140.

todo o potencial disruptivo e mortífero do Real revela-se crua e subitamente para o sujeito, lançando-o a uma condição impotente de passividade e de terror[7].

Lacan, por sua vez, parece tratar do problema da angústia segundo uma perspectiva que aproxima as posições freudiana e heideggeriana sobre o tema. Por um lado, a angústia é descrita como o afeto que não engana, implicando a exposição crua do sujeito ao Real, que resiste a toda tentativa de representação, mas que é tornado imediato pelo objeto *a*. Uma precisão deve aqui ser introduzida, ainda que de maneira incidental: diferentemente do real decorrente do pensamento de Heidegger, em Lacan essa "diz-mansão" (*dit-mansion*) Real implica incontornavelmente o sexual. Por outro lado, ela se relacionaria, no interior das tramas do significante, à opacidade do Outro, diante do qual o sujeito — desamparado pela incompletude do Simbólico — não consegue jamais se situar com precisão, enquanto objeto de desejo e/ou de gozo dessa alteridade radical que o constitui. A angústia exprime, assim, o caráter invasivo e gozoso do Outro, ameaçando o sujeito de desorganização e de fusão indiferenciada com o "grande Todo", com o Um absoluto[8].

Mas se nessa versão lacaniana o Outro é fundamentalmente intrusivo e ameaçador, como, então, conceber as circunstâncias nas quais a entrega de si mesmo, de maneira incondicional, ao Outro benevolente e benfazejo (como já antecipado no "Projeto", de 1895, de Freud) produz justamente o efeito de erotização narcísica, instituindo por esse meio a matriz libidinal indispensável para uma possível diferenciação (separação) ulterior?

---

[7]Sobre a questão do estatuto metapsicológico e psíquico do conceito de "desamparo" (*Hilflosigkeit*), cf. PEREIRA, M. E. C. *Pânico e desamparo*. São Paulo: Escuta, 1999.
[8]LACAN, J. (1962-1963) *O seminário, livro 10: a angústia*. Tradução de Vera Ribeiro. Rio de Janeiro: Zahar, 2005.

Assim, se a figura de "mãe" associada à angústia, em Lacan, é aquela da mãe-crocodilo, sempre pronta a devorar seu rebento com sua enorme boca; e se, ainda, a voz do Outro interpela o sujeito fundamentalmente como invocação invasiva e efração, como então conceber, na perspectiva lacaniana, o efeito aplacador e singularizante do acalanto, do embalar e dos cuidados maternos protetores para o sono sobre a libidinização do bebê e sobre seus processos encarnados e concretos de subjetivação?

O acalanto

Como consegue a voz materna exercer um efeito apaziguador sobre o bebê? De que maneira a cantiga de ninar é capaz de induzir na criança um estado gozoso de adormecimento, o qual Freud reconhece como uma das experiências mais profundamente autoeróticas da vida humana? Como conciliar o caráter invasivo e potencialmente disruptivo da voz da mãe, comportando ameaças de terror e de dissolução subjetiva, com a dimensão claramente reasseguradora da cena de acalanto? E, por extensão, que outras dimensões da subjetivação estão implicadas na voz, além da pulsão invocante? Tais questões permitem antever o imenso desafio metapsicológico colocado pela cantiga de ninar, exigindo o aprofundamento teórico das pistas já abertas por Freud e Lacan.

* * *

O acalanto é um tema relativamente tradicional da pesquisa antropológica. Os estudos sobre o folclore de diferentes culturas e diferentes períodos históricos mostram uma regularidade estrutural surpreendente da canção de ninar, ainda que certas diferenças formais sejam bastante evidentes. Em seu ensaio clássico sobre o tema, o sociólogo brasileiro Florestan Fernandes mostrou que a canção de ninar produz no bebê "um estado de relaxamento físico e mental, capaz de provocar ou intensificar sua disposição para dormir; essa disposição tanto se relaciona ao sentimento de conforto e de segurança, provocado pelas ações mecânicas do adulto (embalo, canto), quanto a outros sentimentos mais complexos, que os temas das cantigas de ninar adquirem no espírito das crianças"[9]. Portanto, examinemos mais detidamente essas diferentes dimensões do acalanto.

Trata-se de uma música ingênua, por vezes reduzida à simples entonação vocal sem palavras ou, então, com letras de caráter frequentemente onomatopeico, visando facilitar a monotonia necessária para levar a criança a adormecer. Tais dispositivos musicais existiram em todos os tempos e em todas as culturas, tendo por invariantes a ternura na voz materna e o caráter doce e previsível da melodia, ainda que por vezes habitado por letras e enredos terríveis. Vejamos uma ilustração.

Já na primeira cena do primeiro ato de *Porgy and Bess*, a famosa ópera do compositor americano George Gershwin, a jovem mamãe Clara canta para seu bebê, que ela deseja conduzir ao sono, um dos mais famosos acalantos da história da música: *Summertime*. Embora posteriormente essa ária tivesse recebido interpretações muito mais poderosas e até mesmo desesperadas, rompendo com a forma "cantiga de ninar", a versão original de Gershwin mantinha as características básicas das cantigas de ninar cantadas pelas mães de todas as diferentes culturas do mundo: estrutura simples, fortemente melódica, entoada por uma voz feminina macia e doce. O ritmo estruturado e previsível permite antecipar, sem surpresas, o encadeamento da frase musical. A natureza bastante

---

[9]FERNANDES, F. Contribuição aos estudos sociológicos das cantigas de ninar. In: *Revista Brasiliense*. São Paulo, n. 16, 1958, p. 50-76.

agradável e reconfortante do gênero é imediatamente reconhecível nos versos iniciais:

> Summertime, and the livin' is easy
> Fish are jumpin' and the cotton is high
> Oh! Your Daddy's rich and your Ma is good lookin'
> So, hush little baby, don't you cry.[10]

É interessante notar aqui o caráter social desse acalanto, uma vez que a mãe não demanda primariamente a seu bebê que este durma, mas sobretudo que se acalme e não faça barulho (eles estão em um lugar público, junto com outros vizinhos). Fora de seu contexto, esse trecho musical tão idílico e poético dificilmente faria o ouvinte se dar conta de que se trata de um acalanto entoado por uma negra pobre, descendente de escravizados, vivendo em um cortiço na Carolina do Sul, nos anos 1930, em situação de grande precariedade. Eis aqui um dos grandes enigmas propostos pelas cantigas de ninar: embalado pela voz de sua mamãe, o bebê dorme prazerosamente, mesmo que as condições exteriores sejam objetivamente as mais terríveis e mesmo que os versos entoados na canção frequentemente falem de monstros devoradores de crianças, de abandono dos filhos pelos pais, da morte dos parentes protetores ou de mães assassinas e vingativas.

Um dos registros mais antigos de letras de *lullabies* data de aproximadamente dois mil anos antes de Cristo, tendo sido registrado em escrita cuneiforme sobre um tablete de argila cuidadosamente preparado por um escriba da Babilônia. O conteúdo dos

---

[10] "Tempo de verão, e o viver é fácil/Peixes estão pulando e o algodão está alto/Oh! Papai é rico e sua mãe é formosa/Então, fique quieto bebezinho, não chore". Tradução da editora. GERSHWIN, G. (1935) Summertine. In: *Porgy and Bess* (ópera). Disponível em https://www.youtube.com/watch?v=NghjBMn6ZJM. Acessado em 23 de junho de 2021, às 10h55.

versos é basicamente ameaçador, advertindo o bebê de que este seria castigado por perturbar os deuses da casa[11]. Essa característica aterrorizante das letras de certos acalantos permanece ainda hoje e pode ser identificada com frequência no folclore brasileiro em suas referências à Cuca, ao Tutu Marambá e ao Boi da Cara Preta. "Duerme negrito", famoso acalanto recolhido da tradição venezuelana por Atahualpa Yupanqui e imortalizado na interpretação de Mercedes Sosa, sugere que a mamãe precisa deixar seu filho sozinho, pois precisa ir trabalhar, uma vez que o pai dele teria morrido: "Duerme negrito, que tu mama está de luto, negrito"[12]. E acrescenta uma ameaça de conotação claramente política: "Se negrito no se duerme, viene el diablo blanco y — zas! — le come las patitas"[13].

É nesse mesmo sentido que Federico Garcia Lorca, em seu célebre ensaio sobre o acalanto, sugere que as palavras da canção se dirigem em primeiro lugar à própria mãe, em um esforço de elaboração de seus próprios temores e desamparo. Em uma conferência sobre "Las nanas infantiles", Lorca conclui de sua busca por canções de berço em toda a Espanha, seu país natal, que a mamãe "usa suas melodias da mais acentuada tristeza e seus textos de expressão mais melancólica para tingir o primeiro sonho de suas crianças"[14].

---

[11]PERRY, N. The universal language of lullabies. Matéria publicada na BBC News em 21 janeiro 2013. Disponível em: *https://www.bbc.com/news/magazine=21035103-#:~:text-Four%20millennia%20ago%20an%20ancient,a%20mother%20to%20her%20child.&text=The%20writing%20is%20in%20cuneiform,what%20is%20modern%2Dday%20Iraq*. Acessado em 22 de junho de 2021, às 10h59.
[12]"Dorme, negrinho, que tua mamãe está de luto, negrinho." Tradução da editora.
[13]"Se negrinho não dorme, vem o diabo branco e — zás — como suas patinhas." Tradução da editora. YUPANQUI, A. *Duerme negrito*. Disponível em *https://www.youtube.com/watch?v=ROJzhe-zw98* e em *https://www.youtube.com/watch?v=gKgEBBUI6U4*. Acessados em 23 junho 2021, às 11h04.
[14]LORCA, F. G. (1921) Conferencias I. In: *Obras de Federico García Lorca*. Edição de Mario Hernández. Madrid: Alianza, 1984, v. 11, tradução da editora.

Um outro elemento importante e universal do gênero musical "acalanto" é a estrutura harmônica bastante simples, em geral alternando tônicas e dominantes. Do ponto de vista rítmico, os *lullabies* são geralmente em compasso ternário ou em tempo de 6/8, o que lhes confere um balanço característico, que será acompanhado pelos movimentos corporais e de embalar que usualmente a mãe realiza durante esse processo de conduzir o bebê ao adormecimento.

Desse ponto de vista, é necessário propor o conceito de "cena de acalanto" e distingui-lo da "estrutura do acalanto". A cena do acalanto refere-se às condições concretas nas quais a mãe se serve do acalanto e de outros dispositivos no esforço de fazer a criança dormir. Esta pode ser bastante variável segundo a cultura, mas em geral comporta os seguintes elementos:

- uma criança que se precisa fazer dormir;
- um adulto, em geral a mãe, em posição de exercer a função materna;
- uma situação de intimidade entre os dois protagonistas da cena, em geral sem a presença de outras pessoas;
- escuridão e silêncio;
- contato corporal entre a mãe e o bebê, habitualmente tomando a forma de se embalar a criança segundo padrões de ritmo que podem variar bastante segundo diferentes culturas;
- a canção de ninar entoada pela mãe.

A capacidade para a maternagem aparece aqui como central e indispensável. Ela pressupõe uma tarefa árdua do ponto de vista subjetivo. Por um lado, a mãe participa nessa cena com a sua história singular, com suas marcas e inscrições, deixando traços que se inscrevem sobre o real de seu corpo erógeno, com seus ideais, com sua fantasia. Ao mesmo tempo, ela precisa estar disponível para um processo transitivo, quase fusional, relativo às necessidades e desejos da própria criança: para que o apaziguamento necessário ao sono possa se instalar, é preciso que a mãe possibilite a realização das tendências da própria criança, oferecendo-se como um semblante de estabilidade e de segurança, chegando a reduzir sua presença a mera condição de voz, que se desfaz em atmosfera benfazeja. Nesse sentido, o acalanto promove um apagamento progressivo do Outro, permitindo ao bebê recolher-se em seu próprio autoerotismo, ou seja, à tentativa de encontrar a Coisa (*das Ding*) em si.

A introdução de uma fachada de harmonia sustentada pela voz doce da mãe que entoa o acalanto termina por velar a presença do Outro, ao mesmo tempo em que permite à criança uma ilusão de continuidade reasseguradora, de dissolução no Um absoluto do gozo do Ser. Nesse processo, torna-se mais patente a ocultação do caráter civilizatório da estabilização dos ciclos de sono da criança, imposto pela ação apaziguadora da cantiga de ninar: a mãe necessita que o bebê vá progressivamente harmonizando seu ritmo de sono com o dela própria e com o da sociedade em geral. Esse processo de alienação encontra-se velado na cena de acalanto, visível para o bebê apenas através de seu polo tranquilizador.

O contato corporal exerce um papel maior na cena do acalanto, indissociável daquele realizado especificamente pela voz. Trata-se de uma forma muito particular de erotização do corpo, pela qual todo o dispositivo da "cena" se organiza para que a experiência de realização gozosa se dê sob uma modalidade autoerótica, esvaziando a alteridade do parceiro da cena enquanto tal. O foco fica inteiramente colocado no apaziguamento das urgências manifestadas pelo corpo e no reasseguramento da permanência de uma presença benfazeja, a qual ainda não é percebida em sua alteridade, mas como vivência de satisfação contínua e de ausência de ameaça. Em seu

"Projeto", de 1895, Freud descreve nos termos seguintes as condições necessárias para a indução do sono:

> As crianças dormem enquanto não são atormentadas por nenhuma necessidade [física] ou estímulo externo (pela fome ou pela sensação de frio causada pela urina). Elas adormecem depois de serem satisfeitas (no seio). Os adultos também adormecem com facilidade *post coenam et coitum* [depois da refeição e da cópula]. Por conseguinte, a precondição do sono é uma *queda da carga endógena no núcleo de (psi)*, que torna supérflua a função secundária. No sono, o indivíduo se encontra no estado ideal de inércia, livre de sua reserva de Q.[15]

Em outras palavras, para Freud, o sono enquanto experiência erótica, "a menos sociável que se pode imaginar", pressupõe que o sujeito possa se dispensar da responsabilidade de qualquer atividade secundária relacionada ao pensamento. Se tomarmos a releitura lacaniana do *Cogito* cartesiano, segundo a qual "penso onde não sou, logo sou onde não penso"[16], então a posição freudiana implica que o sono deve ser concebido resolutamente como uma dimensão do gozo de ser. Mas sob que condições isso é possível? Como situar o papel do Outro, do *indivíduo experiente* (*erfahrenes Individuum*) capaz de prestar a *ajuda externa* (*fremde Hilfe*), aquele que, através da realização das ações específicas, permite ao bebê se entregar ao gozo de seu repouso? Em última instância, para que esse dispositivo

---

[15]FREUD, S. (1895) Projeto para uma psicologia científica. In: *Edição standard brasileira das obras psicológicas completas de Sigmund Freud. Publicações pré-psicanalíticas e esboços inéditos (1886-1889)*. Direção de tradução de Jayme Salomão. Rio de Janeiro: Imago, 1996, p. 388-389.
[16]LACAN, J. (1957) A instância da letra ou a razão desde Freud. In: LACAN, J. *Escritos*. Rio de Janeiro: Jorge Zahar Ed., 1998, p. 521.

funcione, o próprio adulto devotado — enquanto personagem — deve desaparecer da cena, para que a descarga completa possa ser alcançada. Esse "alguém" deve ser subjetivamente capaz de sustentar o lugar de "ninguém" (ainda não como ausência), de modo que seu desaparecimento torne possível o engendramento de uma fruição autoerótica em que o Outro se reduz apenas a uma atmosfera propícia e benfazeja.

A hipótese freudiana ulterior de um "narcisismo primário" ligado ao sono é correlativa de um abandono dos investimentos nas imagens cotidianas do eu e dos objetos do mundo, lançando o sujeito a uma experiência de ser em plenitude e sem limites, tal como supostamente teria sido a vivência do bebê no meio intrauterino. Para que se possa fruir de tal experiência de desidentificação e de puro gozo de ser, é necessário que previamente sejam criadas as condições de entrega pessoal a essa experiência, sem se deixar amedrontar pela indeterminação e pelos riscos pulsionais (de confrontação crua com elementos que deveriam permanecer recalcados) que ela comporta[17].

Dessa forma, para que um indivíduo possa dormir, é necessário que ele seja capaz de tolerar o abandono dos investimentos nas imagens de seu eu e de se permitir a regressão a um nível muito arcaico de gozo corporal.

---

[17]Como mencionado no inicio deste livro: "...todas as noites os seres humanos põem de lado os invólucros com que envolvem sua pele, e qualquer coisa que possam usar como suplemento aos órgãos de seu corpo [...] Podemos acrescentar que, quando vão dormir, despem de modo inteiramente análogo suas mentes, pondo de lado a maioria de suas aquisições psíquicas. Assim, sob ambos os aspectos, aproximam-se consideravelmente da situação na qual começaram a vida. Somaticamente, o sono é uma reativação da existência intrauterina." FREUD, S. (1916) Suplemento metapsicológico à teoria dos sonhos. In: *Edição standard brasileira das obras psicológicas completas de Sigmund Freud. A história do movimento psicanalítico, Artigos sobre a metapsicologia e outros trabalhos (1914-1916)*. Direção de tradução de Jayme Salomão. Rio de Janeiro: Imago, 1996, p. 255.

Contudo, como bem mostra Lacan, o que impede a retirada dos investimentos do sujeito em direção a um gozo autoerótico no sono não são tanto as "urgências da vida" (*Not des Lebens*), relacionadas ao campo da necessidade, mas a emergência do Real enquanto tal, experimentada subjetivamente pelo surgimento da angústia.

A angústia afeta o sujeito e o mobiliza. Exposto a um Real excitante e traumático que não se pode contornar, a angústia — que não engana — evidencia esse encontro com um caráter de "terrível certeza" (*affreuse certitude*). É sob essa perspectiva que, no seminário 11, Lacan tratará do tema do despertar, a partir da referência ao sonho "Pai, não vês que estou queimando?", relatado por Freud em "A interpretação dos sonhos". Lacan propõe que o despertar não se dá pela intromissão do incêndio que ocorre no campo da realidade durante o velório do filho, mas por aquilo que esse fato evoca do real perturbador dessa perda tão pungente. O sujeito não é despertado pelos fatos do mundo, mas pela invasão do Real.

Mas pode-se, de fato, despertar? Lacan assume aqui uma posição paradoxal e provocativa: o homem habita o sonho, e o único verdadeiro despertar seria o da morte. Respondendo a uma questão colocada por Cathérine Millot em 1974 a propósito do desejo de morte, do sonho e do despertar — *"le désir de mort est-il à situer du côté du désir de dormir ou du désir de réveil?"*[18], Lacan proporá que "Grâce au symbolique, le réveil total c'est la mort — pour le corps. Le sommeil profond rend possible que dure le corps"[19]. Em outras palavras, a linguagem impõe ao sujeito habitar um mundo organizado pela fantasia, mantendo-o, assim, afastado do insuportável da não relação sexual:

---

[18]"o desejo de morte deve ser situado ao lado do desejo de dormir ou do desejo de despertar?"
[19]"Graças ao simbólico, o despertar total é a morte — para o corpo. O sono profundo torna possível que o corpo dure."

Que ele esteja ligado à morte, só a linguagem, em última análise, testemunha. É isso que é recalcado? É difícil dizer. É concebível que toda linguagem não seja feita, senão para não se pensar na morte, o que, na verdade, é a coisa menos pensável que existe. É por isso que, concebendo-a como um despertador, eu digo algo que está implicado por meu lacinho SIR. Estaria inclinado a pensar que o sexo e a morte são solidários, como é provado pelo fato de que sabemos que são os corpos que se reproduzem sexualmente, que são sujeitos à morte. Mas é antes de tudo pelo recalque da não relação sexual que a linguagem nega a morte. O despertar total que consistiria em se apreender o sexo — o que está excluído — pode tomar, entre outras formas, aquela da consequência do sexo, ou seja, a morte.[20]

Como se coloca, então, a partir daí, a questão do adormecimento do bebê? Como bem lembra Jean-Michel Vives[21], Lacan introduziu a questão da voz na esteira de Reik, a partir do entoar do *shofar*. Este soa como o eco de um crime originário: o touro berrando, o qual, em última instância, é o pai morto. Ele diz ironicamente que deve ser o próprio Deus que precisa ser lembrado de que está morto. A função da voz seria ressoar "no vazio que é o vazio do Outro enquanto tal, literalmente *ex-nihilo*". No que se refere ao acalanto, paradoxalmente a voz do Outro, que de hábito é concebida em sua dimensão invocante, subjetivante ou invasiva, surge como condição de repouso, de apagamento da dimensão invasiva do *Nebensmench*, de possibilidade de entrega ao autoerotismo. Para operar, o acalanto deve como que dissolver o Outro e suas exigências em

---

[20]LACAN, J. (1981) Réponse de Lacan à une question de Catherine Millot. Improvisation: désir de mort, rêve et réveil. In: *L'âne*, n. 3, 1981, p. 3.
[21]VIVES, J.-M. *A voz na clínica psicanalítica*. Tradução de Vera Ribeiro. Rio de Janeiro: Contra-capa, 2012.

uma atmosfera benfazeja, na qual o corpo possa simplesmente gozar de si próprio. A esse processo de autoengendramento autoerótico chamamos de "sono".

* * *

Em 2004, em um artigo que se tornou uma espécie de clássico imediato, a renomada antropóloga norte-americana Dean Folk, especialista na evolução do cérebro e cognição de primatas superiores, sugeriu que as mães de hominídeos mais evoluídos teriam desenvolvido, a partir de seus repertórios vocais, certas melodias rítmicas como forma não só de fazer os pequenos dormir, mas também para lhes reassegurar que mamãe está próxima. Lutando para sobreviver, juntamente com seus filhotes, em condições extremamente hostis, a fêmea necessitava colocar no solo seus bebês, de modo a manter suas mãos disponíveis para outras atividades indispensáveis da luta pela vida. Confrontados com a separação e, por consequência, com a descoberta do próprio desamparo, os pequenos choravam e se desesperavam. Pela via do acalanto, a mãe os reassegurava de sua presença e da estabilidade pacífica de seu mundo. Trata-se, segundo a autora, de uma forma de "manter contato" com o bebê, ainda que à distância[22].

Dessa forma, segundo Folk, o mamanês, a canção de ninar e a linguagem humana teriam tido a mesma origem nos esforços da mãe para tornar suportável, através da musicalidade da voz, a sua separação em relação a seus bebês. Em outras palavras, o acalanto, em suas origens puramente vocais e musicais, estaria na matriz

---

[22]FALK, D. Prelinguistic evolution in early hominins: whence motherese? In: *Behavioral and brain Science*, 27, 2004, p. 491-534. Disponível em https://pages.ucsd.edu/~johnson/COGS184/8Falk04.pdf. Acessado em 23 de junho de 2021, às 11h51.

da linguagem humana. A música materna precederia a articulação significante; o primeiro esboço de laço social teria, assim, um caráter a uma só vez erótico, corporal, concreto e desesperado. Vemos aqui ratificada, segundo uma perspectiva antropológica, a concepção lacaniana de *lalangue* e sua importância na constituição do sujeito humano enquanto matriz vocal e estrangeira/íntima do inconsciente. Mais radicalmente, na musicalidade do mamanês, entrelaçam-se presença e ausência, desamparo e erotismo, acalanto e horror, *lalangue* e linguagem.

Neste ponto, é importante recordar que, ao renovar sua teoria sobre as relações entre inconsciente e linguagem, através da elaboração do conceito de *lalangue*, Lacan termina por se referir implicitamente ao que essa nova noção deve ao acalanto, tal como se pode notar nesse trecho de sua Conferência de Genebra sobre o sintoma, de 1975:

> En ce temps-là la philosophie était un mode de vivre [...] à propós de quoi on pouvait s'apercevoir, bien avant Freud, que [...] ce langage qui n'a absolument pas d'existence théorique, intervient toujours sous la forme de ce que j'appelle d'un mot que j'ai voulu faire aussi proche que possible du mot *lallation* – *lalangue*.[23]

Assim, o neologismo *lalangue*, forjado sobre uma forte base de onomatopeia, ancora-se em uma evocação da lalação infantil. De um ponto de vista etimológico, o termo francês empregado por

---

[23] "Naquela época a filosofia era um modo de vida [...] sobre o qual se via, muito antes de Freud, que [...] essa linguagem que não tem absolutamente nenhuma existência teórica, sempre intervém sob a forma do que chamo de uma palavra que quis fazer o mais próximo possível da palavra lalação — *lalangue*." Tradução nossa. In: LACAN, J. (1974) Conférence à Genève sur le symptôme. In: *La cause du désir*, n. 95, 2017/1, p. 7-24. Disponível em *https://www.cairn.info/revue-la-cause-du-desir-2017-1-page-7.htm*. Acessado em 23 de junho de 2021, às 12h02.

Lacan, *lallation*, deriva do latim *lallare* — cantar o *la, la, lala* para adormecer as crianças (a partir de um radical onomatopeico *lall-*, comum a inúmeras línguas). Vemos aqui, de maneira um tanto inesperada, a referência ao acalanto surgir ao centro mesmo da teoria de *lalangue*.

Pode-se evocar uma das possíveis etimologias para o termo *lullaby* (acalanto, em inglês) a partir da referência ao mito bíblico de Lilith. Quando Deus criou Adão, este estava sozinho. Assim, Deus criou Lilith do mesmo barro com o qual Adão foi moldado. Mas eles brigaram porque Adão quis exercer poder sobre Lilith. Esta, por sua vez, orgulhosa e independente, reivindicava igualdade com Adão, pois tinha acabado de ser criada da mesma lama que ele. Assim, Lilith abandona Adão e foge do Jardim. Deus envia, então, três anjos em busca da fugitiva. Eles a agarram e ordenam-lhe que volte para Adão. Ela se recusa e diz saber que doravante seria fraca, mas como vingança passaria a matar bebês e crianças. Os anjos a pegam, fazendo-a prometer que, se a mãe pendurasse um amuleto sobre o bebê, carregando os nomes dos três anjos, ela ficaria longe de casa. A partir daí, Lilith torna-se o demônio responsável pela morte de bebês. Para se proteger contra Lilith, judeus supersticiosos recorrem a quatro amuletos com a inscrição "Lilith — abi" (Lilith — vá embora), pendurando-os na parede de cada peça da casa onde fica o recém-nascido. Alguns pensam, portanto, que esta seria a origem, muito mais tarde, do termo inglês *lullaby*, canção de ninar.

Vemos, logo, que o acalanto promove uma verdadeira cena de exorcismo, retirando o Outro de cena para deixar em seu lugar apenas uma voz com seu ritmo sereno, estável e constante, mantendo temporariamente em suspenso as injunções e ameaças implicadas pela presença maciça da instância de alteridade absoluta e onipotente, difusamente encarnada pela mãe nos primeiros momentos de processo de subjetivação do bebê. Nesse momento, ele pode simplesmente desfrutar de ser, sem estar embaraçado pela delimitação de um eu, que necessariamente solicita um outro.

No folclore brasileiro, uma das figuras mais recorrentes nas cantigas de ninar é aquela representada pela Cuca. Provavelmente derivada de tradições ibéricas que chegaram ao Brasil com os primeiros colonizadores e que se fundiram com lendas indígenas e africanas, a Cuca é geralmente encarnada por uma personagem feminina velha, com cabeça e tronco de jacaré. Ela está sempre pronta a castigar pela devoração a criança que se recusa a se deixar alienar pelas injunções e desejo do Outro. Ela aparece justamente nos momentos em que papai e mamãe estão ausentes, em que o silêncio e o vazio dissolvem a consistência da realidade, permitindo a emergência do Real. Que melhor ilustração para a alegoria criada por Lacan para configurar a angústia do que a criança abandonada à boca mortífera e caprichosa da mãe-crocodilo, todo-poderosa e sem conhecer nenhum limite?

Seria exagerado afirmar que o acalanto constitui um ritual vocal, materno e de encantamento destinado a substituir o silêncio — de onde pode emergir a Cuca — pela fachada de uma musicalidade, garantindo o reencontro autoerótico do sujeito em uma dimensão na qual, por um tempo, ele não tem que se ocupar dos limites entre o eu e outro?

Uma voz reconfortante na escuridão

Em sua conferência introdutória à questão da angústia, de 1917, Freud sustenta a ideia segundo a qual, na escuridão, a voz da pessoa em quem a criança confia tem um efeito aplacador do medo não tanto em relação aos perigos reais que o escuro pode ocultar, mas sobretudo à emergência de sua própria excitação sexual, dessa vez sem a fachada de um objeto que pudesse ancorá-la:

Enquanto encontrava-me no aposento ao lado, ouvi uma criança, com medo do escuro, dizer em voz alta: 'Mas fala comigo, titia. Estou com medo!' 'Por quê? De que adianta isso? Tu nem estás me vendo.' A isto a criança respondeu: 'Se alguém fala, fica mais claro.' Assim, um anelo sentido no escuro se transforma em medo do escuro. Longe de tratar-se do caso de a ansiedade neurótica ser apenas secundária e ser um caso especial de ansiedade realística, vemos, pelo contrário, que, numa criancinha, algo que se comporta como ansiedade realística compartilha seu aspecto essencial — a origem a partir da libido não empregada — com a ansiedade neurótica. Parece que as crianças têm pouca ansiedade realística verdadeira inata.[24]

Freud assinala, assim, a natureza propriamente erótica na angústia, que se desenrola sobre um fundo de escuridão. Confrontado com uma experiência do mundo que se apresentava como Nada, o sujeito falante encontra-se à deriva, perdendo a fachada dos objetos sobre os quais sua libido poder-se-ia ancorar. A voz benfazeja do Outro reestabelece, assim, não a presença efetiva do objeto, mas um novo recorte do mundo, em que o Nada fica restrito ao campo do vazio.

Não poderíamos então pensar que angústia lacaniana, referida ao Real concretizado no objeto *a*, se ancoraria justamente sobre esse fundo de Nada que a língua delimita ao estabelecer lugares, sítios delineados pela linguagem? Que a voz do Outro, que perturba, invade e evoca é precisamente a condição erótica e temporal para que um contraste entre o Ser do gozo e o Nada da dissolução no Um possa estabelecer um berço vazio para acolher o desejo?

---

[24]FREUD, S. (1917) Conferência XXV — a ansiedade . In: *Edição standard brasileira das obras psicológicas completas de Sigmund Freud. Conferências introdutórias sobre psicanálise (Parte III) (1915-1916)*. Direção de tradução de Jayme Salomão. Rio de Janeiro: Imago, 1996, p. 474.

Dessa forma, a estrutura do acalanto apresenta mais claramente seu caráter diferencial face à cena do acalanto. Aquela se constitui, então, pela presença de dois parceiros confrontados com o desamparo, à noite, diante do silêncio dos astros celestiais e da inexistência do Outro. Para o bebê, apenas uma situação de desamparo, traumática ou não, segundo sua concretização efetiva. Para a mamãe, o descortinar concreto de seu mais extremo desamparo. A voz do acalanto, mais além da voz da própria mãe, constitui para ambos o corte no Nada — pois não há Outro a quem recorrer —, que institui silêncio e som. Recurso à tradição que se revela como simples fachada, mas que, para aquém de qualquer corte significante mais estruturado, se constitui como matriz viva sobre a qual se desenrola o enigma de que haja algo, e não Nada. A voz maternante do acalanto aplaca o silêncio das estrelas e exorciza o terror produzido pelo ensurdecedor endereçamento do Outro ao desamparado sujeito, chamando-o — não se sabe por quê — a existir.

Epílogo

Depois do amor, ou
— Com quem você dorme?

"Qual não foi, pois, a sua surpresa quando, ao acordar, [Tomas] percebeu que Tereza lhe agarrava a mão com toda a força! [...] A partir de então, ambos sentiam antecipadamente um grande prazer na partilha do sono. Sinto-me quase tentado a dizer que o que procuravam no ato sexual não era a volúpia, mas o sono que se lhe segue."

Milan Kundera, *A insustentável leveza do ser*

Apenas seus pés ainda se tocavam. Ofegantes, os corpos se espalhavam latos sobre a cama. Buscavam ar; primeiro, distância. Desconectados das próprias identidades, desfrutavam simplesmente o próprio afundar — úmido — nos lençóis. Prolongavam, assim, por alguns instantes, a lânguida fruição do prazer e do relaxamento que o intenso orgasmo lhes trouxera.

O torpor, inicialmente suave, mas crescente, lhes anunciava o rápido crepúsculo da consciência, a chegada em breve do sono, agora desejado. Em um último hálito do afeto, antes de se deixar diluir no adormecimento, as pontas de seus dedos encontravam a consistência física do parceiro. A ternura emergia, transbordando aos poucos, de leve, tomando conta de seu gesto.

De olhos fechados, toca-lhe primeiro o peito nu. Fica feliz ao se reassegurar, com a própria a pele, de sua presença. Com vagar, desloca a mão espalmada em direção ao ventre do companheiro, desfruta principalmente da textura, do calor vivo de sua carne. Delicada, abriga ternamente o pau, agora mole. Acaricia-lhe o saco, os testículos. Em sua mente não há imagens. Somente o desejo de se aproximar fisicamente, em bloco, do corpo do amado. Nem mesmo se dá conta de que quer dormir ao contato de sua pele. Um profundo suspiro, provindo de seus abismos imemoriais, ainda lhe escapa, satisfeita.

Um impulso atávico, provindo das origens do mundo, lhe arrasta a cabeça em direção ao peito daquele que, agora, já não tem feições discerníveis. É pura presença, corpo e cheiro e temperatura. Reconfortantes. Aninha-se sem nada mais precisar saber. Deixa-se relaxar. Entrega-se sem reservas à experiência luxuosa de simplesmente estar ali, em um enlaçamento físico, carnal, que colocava entre parênteses a própria necessidade de se ancorar em um "Eu" para existir.

Ao sentir agora a instalação sob seu braço do ser amado, o outro amante o recebe sem alarde, com natural acoplamento daqueles cúmplices da entrega erótica, agora em sua extensão cósmica, noturna.

Inicialmente viril, sentia-se vagamente enlevado pelo lugar de porto seguro que lhe era atribuído. Envolvia com serena segurança aquele corpo extasiado que, há pouco, o cumulava de prazeres. Com isso, reassegurava a si mesmo, sem se dar conta, de bem desempenhar o papel que há milênios a tradição patriarcal houvera lavrado como condição para a realização erótica dos homens.

Mas à força de se deixar levar e inspirar pela ternura do momento, ou talvez pelo odor suave dos cabelos daquela cabeça confiantemente repousada em seu peito, ele próprio começa a se deixar tomar pela vaga que vem das profundezas oceânicas e eleva todo o corpo que flutua nas águas a alturas irresistíveis de grandeza e de fragilidade. Desconstrói-se, dilui-se, espalha-se no sempre mutante litoral de si... do outro... de si... do outro...de si... em um movimento que acompanha o suave deslizar caracolante de seus dedos entre os cachos dos cabelos... deles?

Que correntes ali embalam os corpos enlaçados dos amantes? Estes já não se interrogam pelas origens, pelas finalidades, pelo sentido. Aquelas, apenas... embalam.

Sem pensar, em um automatismo que retorna dos tempos imemoriais dos seres, recurvam-se e se encaixam e se amoldam aos corpos, um na concha do outro. Uma nova forma os reinstala no mundo, depois da grande dissolução do êxtase. Os pés — sim, sempre os pés — entrelaçados; as mãos se encontrando aos pares, apenas se tocando.

As respirações vão assumindo um ritmo progressivamente mais cadenciado, mais profundo. Tudo em volta aos poucos vai se desligando, se desconectando, perdendo a urgência irresistível que fazia com que as coisas terrenas parecessem impossíveis de serem deixadas. Os negócios e os comércios da vida-chão se esvanecem, ainda que temporariamente, no éter do sono insidioso que se instala e tudo ocupa, como se fosse de casa.

Em volta, a noite. E nem se davam conta de que alta no céu estava a Lua. E depois da Lua, as estrelas, as galáxias, as extensões inimagináveis do universo. E Aldebarã. E Sírius. E no teto de tudo, as Plêiades, o Escorpião, a estrela Polar. Os cometas vagabundos, os vorazes buracos negros, as paradoxais estrelas-anãs, os outros universos, paralelos. E, sobretudo, o silêncio. Ahhh... o inquietante, o repousante, o aterrador silêncio por trás de todas as coisas.

Aquelas duas pessoas, em sua entrega sem reservas a Eros, já nem se perguntavam mais sobre o sentido das coisas, e podiam simplesmente se permitir agora estar ali, sem sequer se interrogar sobre seu imenso desamparo diante do grande Enigma. Sem angústia ou medo. Do sexo ao sono... um arco.

E durante um tempo obtiveram a graça — única — de dormir sem histórias. De dormir sem nem lembrar que estavam fetalmente abraçados e que um dia iriam morrer.

> Extasiada, fodo contigo
> Ao invés de ganir diante do Nada. [1]

Antes de embarcar, por fim, no sono, em um último movimento, entre ébrio e inexato, ainda lhe estende a mão ao rosto, acaricia-o quase que displicentemente e, num sussurro, lhe restitui os alicerces do Universo: "Está tudo bem..."

Agora, os dois amantes, satisfeitos, dormem em paz[2].

Deitada ao pé da cama, altiva e impassível, Bastet, a gata egípcia, vela pelo sono dos dois, ronronando vitoriosa...

---

[1] HILST, H. Do desejo I. In: *Do desejo*. Campinas: Ed. Pontes, 1992, p. 9.
[2] "Quem já viu uma criança saciada recuar do peito e cair no sono, com as faces coradas e um sorriso beatífico, há de dizer a si mesmo que essa imagem persiste também como norma da expressão da satisfação sexual em épocas posteriores da vida." FREUD, S. (1905) Três ensaios sobre a teoria da sexualidade. In: *Edição standard brasileira das obras psicológicas completas de Sigmund Freud. Um caso de histeria, Três ensaios sobre a teoria da sexualidade e outros trabalhos (1901-1905)*. Direção de tradução de Jayme Salomão. Rio de Janeiro: Imago, 1996, p. 171.

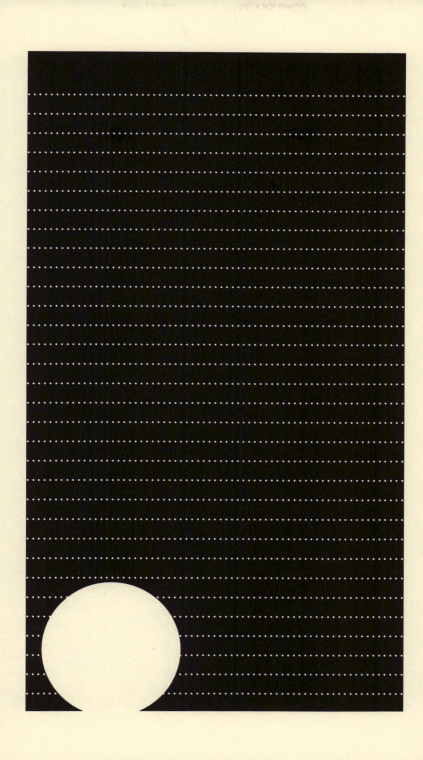

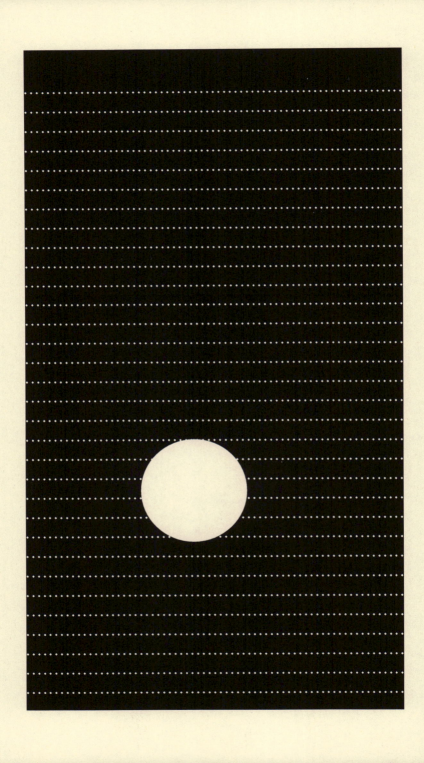

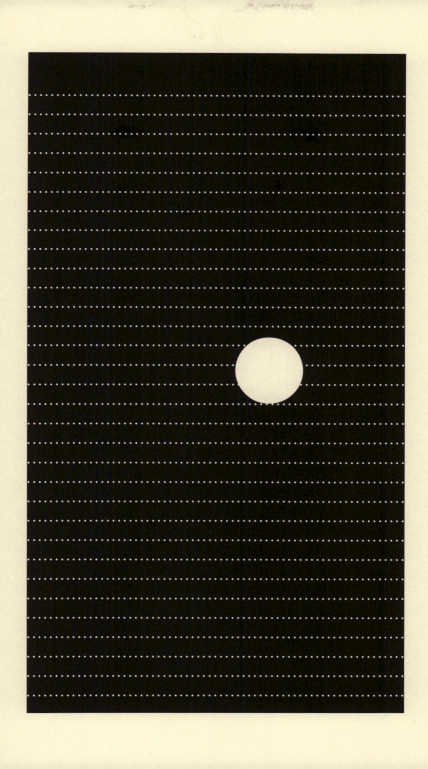

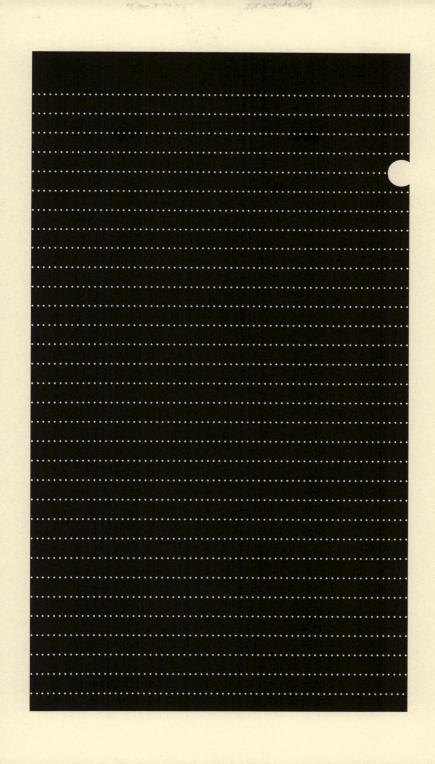

Quem és? Perguntei ao desejo.
Respondeu: lava. Depois pó. Depois nada.[3]

[3] HILST, H. Do desejo I. In: *Do desejo*. Campinas: Ed. Pontes, 1992, p. 7.